时代精神

The Spirit of the Age

时 代 精 神

[英]约翰·密尔 | 著

王平 等 | 译

John
Stuart Mill

The
SPIRIT *of*
the AGE

上海人民出版社

谨感谢同济大学
中央高校基本科研业务费专项资金项目
（项目编号：22120200383）
资助本译著出版

目录

当前时代的首要特点之一是，这是一个过渡时代。人类已经摆脱了旧体制和旧学说，但尚未获得新的。

以类似的方式，试想一支沙漠旅行队长时间由一个失明的引路人引导在未知的地区，他们中较聪明的人会多么热诚地劝说其他人运用他们自己的眼睛，而人们会多么不情愿地听从那个坚持主张寻路很困难、好歹需要一个引路人的人。

当社会已经进入或即将进入那么一种状态——原则尚未建立，意见世界混沌一片，在世俗事务方面任何人都为任何原因对任何事不满，他迅速倒向世俗权力的更替以此获得某种东西来消除他眼中致其不满的原因。

1

真正削弱心灵的是无需努力就能有保障地并无可置疑地保有所有那些通常人要通过努力才能获得的东西。

就道德影响力而言，它有三种极易识别的来源：的确拥有的或被认为拥有的出众智慧和美德；以宗教名义号召人类的力量；以及最后一种：世俗权力。

许多个世纪里，欧洲民族那未分化的道德影响力、塑造基督教世界观念和情感的那不可置疑的特权为天主教牧师所享有，且极有效力地被实践着。他们的话语在其余的人中激起了炽热的信念。它不仅绝对地排除怀疑，而且让怀疑者受到深深的憎恶，道德学家们从未成功地针对令人作呕的犯罪激起这种情感。

一个学究气的人可能到处都有他的个人理论，但是他们不会作

目　　录

出任何改变。

前　言

约翰·斯图亚特·密尔（以前通常翻译成：约翰·斯图亚特·穆勒）对于中国人来讲，恐怕并不陌生，他的父亲是英国功利主义思想家的代表人物詹姆斯·穆勒，所以我们通常又把他称作小穆勒。中国人之所以对约翰·斯图亚特·密尔熟悉，主要是基于两方面的原因。第一方面是作为社会学家的约翰·斯图亚特·密尔。这个密尔在严复的时代就已经被介绍进中国，他的《论自由》被严复翻译成《群己权界论》，从而它的思想深入中国知识分子的人心。第二方面是作为古典经济学家的约翰·斯图亚特·密尔。这个密尔是亚当·斯密所开创的古典经济学的完成者，他的《政治经济学原理》更为中国人所熟悉。

约翰·斯图亚特·密尔与马克思一样，同样是19世纪集大成的思想家，也许他稍逊马克思一筹，但不可否认是一位综合性思想家。在学科分类越来越明显的今天，我们很容易用分门别类的学科眼光来看待以往的思想家，从而约翰·斯图亚特·密尔被看作社会学家或政治经济学家，也就是情理之中的事了。严格来讲，这种学科的分类用在约翰·斯图亚特·密尔身上恐怕不恰当。因此，长久以来，我们将太多的目光集中在约翰·斯图亚特·密尔的《论自由》及《政治经济学原理》等作品上，相对忽略了他的其他作品和其他方面的贡献。所以，没有多少人知道约翰·斯图亚特·密尔的作品《时代精神》，这一点也不奇怪。

《时代精神》是1831年1月至5月，约翰·斯图亚特·密尔以《时代精神》命名，分成七期共五个部分，发表在当时的《监察员》报纸上的系列作品。至于约翰·斯图亚特·密尔为什么要写这一组文章，后来的学者推测可能是受了前人的启发，因为在那个时代，时代精神的探讨成了一个风行的话题，约翰·斯图亚特·密尔不可能不受这种风潮的影响。直接的触发原因可能是受了文学家威廉·哈兹里特的影响，因威廉·哈兹里特1825年出版过一本以《时代精神》为书名的作品，且在作品中提到边沁，而约翰·斯图亚特·密尔是边沁主义的追随者，因而，时代精神的话题引发了他的兴趣。

其实，只要是大思想家，就不能回避时代问题的思考。　对于时代的思考，可能是每一个时代的思想家永恒的哲学话题。　因为人都生活在自己的时代中，时代的问题必然会激发他们的反思。　苏格拉底因反思自己的时代，送了性命。　柏拉图因反思自己的时代，而写出了《理想国》。卢梭反思自己的时代，遭到了伏尔泰的嘲讽。　康德反思自己的时代，从而开创了批判哲学。　马克思反思自己的时代，构想了共产主义理想。　尼采反思自己的时代，发出了"上帝死了"的呐喊。　海德格尔反思自己的时代，认为"最后只有一个上帝才能够救渡我们"。　齐泽克反思自己的时代，指出资本主义正走在一条穷途末路之上。　因此，哲学是什么，还是黑格尔那句老话：哲学是把握在思想中的时代。

难能可贵的是，约翰·斯图亚特·密尔竟然直接以《时代精神》命名了他对时代问题进行思考的作品，这说明他比其他思想家更具有强烈的时代意识。　在我们大谈特谈时代精神这一话题的今天，重新追溯和发掘约翰·斯图亚特·密尔在时代精神话题上所做的思考，无疑是一件非常有意义的事情。

约翰·斯图亚特·密尔的《时代精神》虽然是报纸文

章，但这些文章依然非常晦涩难懂，并不具备报纸文章的那种通俗性及可读性。 然而，无数的思想火花在晦涩的语言中不断跳跃，充分展现了约翰·斯图亚特·密尔灵动的思想智慧。

全书不乏真知灼见，它贯穿的一个基本判断是：作者所处的时代是一个过渡的时代。 围绕过渡时代的特征、前途、力量对比等等，约翰·斯图亚特·密尔进行了自己的分析。

作为与马克思、尼采同时代的思想家，约翰·斯图亚特·密尔同样捕捉到了时代风潮的剧烈转变，他明确把自己的时代称为过渡时代。 过渡时代的特点是：旧权威已然丧失、而新权威尚未确立。 因此，这样的一个时代是一个意见纷呈、原则混乱的时代。 这个时代何去何从，谁也无法预测，所以，这也是一个蕴含着巨大风险的社会。

约翰·斯图亚特·密尔指出，人是服从权威的动物。根据约翰·斯图亚特·密尔的概括，历史上，先后有三大权威支配、指引着人们的行动：美德权威、宗教权威和世俗权威。 美德权威是那些智慧和道德出众的人树立的，宗教权威是僧侣阶层树立的，世俗权威是权贵阶层树立的。

因三类权威主体不一样，所以历史上先后形成了三类不同的共同体。然而，在今天的过渡时代，这三类权威都消失了、沉沦了，因此，未来共同体如何建构，该以什么权威为新的标准，是人们要认真反思的重大问题。尽管约翰·斯图亚特·密尔自己提出了这样的问题，但他并没有提供明确的答案。可能是因为这个问题太艰巨了，谁提出明确的答案恐怕都显得不合时宜。

但约翰·斯图亚特·密尔又灰蛇草线、若隐若现地表明了如下一些思想：只有了解当下，才能真正了解历史；在这样一个过渡的时代，教化者们自己都陷入分歧，从而被教化者也陷入茫然状态；公开的讨论是时代进步的一个表现，只有允许讨论才能够识别谬误，发现真理；最有能力者掌权的社会才是最稳定的社会，但他们的权力需要约束；不能站在今人的立场上来随便评价古代制度的优劣，古代制度的出现有它的社会历史条件；贵族的品质堕落了，这种堕落是因为他们的权力来得太容易的缘故，贵族的堕落使得他们无法驾驭现代社会，相反，却阻碍社会的进步；古代社会，人们没有选择好政府的权力，今天人们有选择好政府的权力，但统治阶级的能力却下降了；轻浮的、好追求不稳定的年轻人的性格对于过渡时代来讲，恐怕未必是福音，因此，还应学习老年人的沉稳与智慧。

约翰·斯图亚特·密尔的这些思想虽然不具系统性，但在那个时代犹如电光石火，熠熠生辉。这些思想从不同侧面折射出约翰·斯图亚特·密尔思想的进步性和穿透性，有些思想即使今天来看，依然具有前瞻性。

虽然过渡时代前途未卜，但约翰·斯图亚特·密尔在社会历史观上并没有陷入绝对的乐观主义，也没有陷入绝对的悲观主义。他以坦然的心态审视着自己的时代，他说："无论何时我们去思考或想要去思考当前时代，我们都不能摆脱它；我们必须承受它的痛苦，也享受它的喜悦；我们必须分担很多东西，不管是为了有用还是为了安心，我们甚至要分享它的特征。"

我想，面对变动不居的时代，约翰·斯图亚特·密尔的心态是恰当的。人是时代的人，人总是生活在自己的时代。不管自己的时代是好是坏、是善是恶，那都是你自己的时代。就像你无法抓着自己的头发离开地球一样，你同样无法闭上眼睛就与世隔绝。因此，接受自己的时代，并

在力所能及的情况下，对如何改善自己的时代进行智力和
行动上的努力，只有这样，才能"引导我们去往一个更加
健康的状态"。

是为序。

时代精神之一

当前时代的首要特点之一是，这是一个过渡时代。人类已经摆脱了旧体制和旧学说，但尚未获得新的。

刊载于《监察员》，1831 年 1 月 9 日，pp.20—21。

这是所写就的系列文章中的第一部分。密尔说："尤其要指出当前时代特征中从一种已经破旧的意见系统向另一种正在形成过程中的意见系统过渡时异常的和邪恶的特征。"他继续说道：这些文章"风格散漫，也不生动或足够炫目，这对于报刊读者来讲在任何时候都是很难接受的；即使它们极富吸引力，但在特定时刻，当重大的政治变革逼近并占据所有头脑时，这些讨论仍是不合时宜的，而且得不到预想的效果"（CW, Vol.I, p.181）。这些文章有一个积极的后果：它们被苏格兰历史学家兼散文家托马斯·卡莱尔（1795—1881）阅读过，他称赞它们是"第一个——他曾经在报纸上看到过的认为当前时代并非所有可能时代中最好的"（EL, CW, Vol.XII, pp.85—86），并把它们的作者看作一个"新神秘主义者"。这是一场异常又紧张的友谊的开始。这一标题可能回应了威廉·哈兹里特的《时代精神；或，当代特征》（London: Colburn, 1825），其中有一个对边沁的描述。文学家哈兹里特（1778—1830）也在《监察员》（1816 年 12 月 1 日，第 759 页）提到恩斯特·莫里兹·阿恩特的《时代精神》（1805），时代精神这一术语大概就是从这里发源的，并且在 1820 年的《伦敦杂志》中使用了这一术语的英语版本。这还可见以下的注释 2。

这一系列文章有五个部分，发表在七期上（第 73、77、82、92、97、103、107 期）。所有文章都出现在《监察员》上。在密尔的文献条目中写道："在 1831 年 1 月 9 日、1 月 23 日、2 月 6 日、3 月 13 日、4 月 3 日、5 月 15 日、5 月 29 日的《监察员》上的一系列文章冠名为'时代精神'并署名为 A.B.。"（MacMinn, p.14）在密尔的《萨默维尔学院文集》，所有的文章都有索引并加了方括号。这是第一篇文章，标明为"时代精神，第 1 期"，两个地方需要更正：第 233 页第 41 行，"It true, is"更正成"is true, it"，以及第 234 页第 16 行，"blew"更正成"blow"。

S-1-1　"时代精神"在某种程度上是一种新奇的表达。我并不认为这是要迎合五十年以前的古代任何一本著作。将自己的时代与之前的时代进行比较、或与我们关于即将来临的时代的观念进行比较的想法，曾经在哲学家那里发生过；但是之前它本身从未成为任何时代的主导观念。

S-1-2　它本质上是一个属于变革时代的观念。在人们开始深入并长久地思考自己时代的特殊性之前，他们必须已经开始思考自己的时代以一种非常不同的方式区别于或注定要区别于他们之前的时代。人类随之被划分成那些依然不变的人以及那些已经变化的人：当前时代的人以及过去时代的人。对于前者来说，时代精神是欢欣的主题；对于后者来说，时代精神是恐怖的主题；对于两者来说，时代精神是渴望及焦虑的利益主题。祖先的智慧、智力的火炬，口口相传；每一词组原本是尊重和敬意的表达，每一词组最终都被口号对立的党派所篡夺，并在他们精神的痛苦中，转变成仇恨和侮辱的讽刺性嘲笑。

S-1-3　当前时代拥有这一特征。一种变革已经在人们的头脑中发生；这一变化，受无法感觉的演化的影响，悄无声息地，在它被普遍察觉之前已经行走得很远了。当这一事实自己披露自己时，成千上万的人才如梦初醒。他们不清楚哪些进程已经在其他人的，甚或在自己的头脑中进行，直到变化开始侵犯外在对象；然后这一点变得很清楚，那些人确实是新人，他们坚持要用一种新的方式来被治理。

S-1-4　但是人类现在意识到他们的新地位。这种信念已经离普及化不远，它认为时代孕育着变化；并认为19世纪将会被后人看作最伟大的革命时期之一，历史将在人们的心灵中或人类社会的整个建制中保存对它的记忆。甚至宗教世界也充斥着对预言的新阐释，这预示着巨大变革近在手边。[1] 这让人感觉到，人们从今往后将被新的纽带联系起来，同时也被新的障碍所隔开；因为古老的契约不再统一，古老的界线也不再限制。与那些已经游历过的人相比，那些眼睛长在后脑勺的人看不到人类命定轨道的其他部分，他们想象，由于旧的纽带被切断，人类从此不再被任何纽带所联结；而且他们因此痛苦，并发出可怕警告。为了证明这一断言，我可以提到由一个开朗的人所写的有史以来最悲观的著作，索西（Southey）的《社会进步和前景对话集》；一种对时代精神沉思的观点之一进行非常好奇的且不无教导性的展示。[2] 那些喜欢政治家的狂言而非隐士的冥想的人，可以查看《布莱克伍德杂志》（Blackwood's Magazine）上晚近的一篇文章，它有着与我的这篇论文相同的标题。[3] 关于这幅图景的反面，我们只有去看看任何一份流行的报纸或评论。

S-1-5　在所有这些不加区分的颂词和诟语中，这些不加区分的希望与害怕，对于哲学探究来讲是一个非常合适的主题：什么是真正的时代精神，它与其他时代的精神有怎样的区别或区别在哪里。这一主题非常重要：因为，无论何时我们去思考或想要去思考当前时代，我们都不能摆脱它；我们必须承受它的痛苦，也享受它的喜悦；我们必须分担很多东西，不管是为了有用还是为了安心，我们甚至要分享它的特征。不存在其优良品质主要是属于另一个时代，却对它自己的时代有过重大影响的人。由于每一时代在自身中都蕴含所有未来时代的胚芽，就像橡子蕴含着未来森林一样，我们时代的知识是预言的源泉——接近后代历史的唯一钥匙。只有在当前，我们才可以知道未来；只有通过当前，我们才可以用我们的力量来影响未来。

S-1-6　然而，由于我们熟悉我们的时代，因此我们可以设想，假如我可以根据现象来下判断的话，那么我们可以知道时代的本性。比如，一个政治家，如果要求他去研究所有的东西（然而，这远远多于我敢于去肯定的），必须设想他研究过历史——哪一个是早已过去的最好的时代精神，哪一个又通常只是缺乏灵魂的无生命的尸体；但是否问过（或这样的问题向谁呈现过）他了不了解自己的时代？　然而，这就是历史，而且是历史最重要的部分，带着绝对的确定性，通过使用恰当的方法，这是一个人可以知道和理解的唯一部分。通过一次早晨走遍伦敦街头的跋涉，他也许对19世纪的英国历史了解得更多，这远远要超过所有现有的英国历史文献告诉他的有关其他18世纪的东西；因为，这些每一个人都看到的但都不感到惊讶的显然和普遍的事实，几乎不呈现在记录中；而且后代的人们，假如来了解这一规则，通常从同时代人在许多偶然的情形中所给出的注意事项中来了解。然而，政治家和哲学家永远都被告诫说要用过去来评判现在，然而，现在自己就可以单独提供评判的资本，它比以往的整个宝库都更富有，而且获得它要容易得多。

S-1-7　但是，过多纠缠于这个话题是不明智的，以免我们被认为故意夸大所需，渴望读者去相信我们有资格提供这种需求。无需更多的引言，最好还是进入主题，借助于我们的思想本身，而不是读者的需求。

S-1-8　当前时代的首要特点之一是，这是一个过渡时代。人类已经摆脱了旧体制和旧学说，但尚未获得新的。当我们说摆脱时，我们并不是要歧视什么。一个人在6岁到20岁之间并不比他6岁时更好或更快乐：但过去合身的同样的一件夹克，现在并不适合他。

S-1-9　刚才提到的当前时代的突出特点，几年前仅仅对于更具识别力的人来讲是显而易见的：目前，它得把自己强加给那些最粗心的人。事物的旧秩序模式已经不适应社会状态和人们的心灵，对此我们有很多话要说，而且必须在合适的场合下说。但是，当几乎所有的欧洲大陆国家在政府形式方面已经取得变革，或正在迅速取得变革的路上时；当我们的自己的国家，在欧洲，在所有以往的时代，它与旧体制的联系是最紧密的，几乎用同一个声音宣称旧体制在纲领上和细节上都是邪恶的、必须被整修并纯化、必须被裁剪得以适合于文明人时，我们可以设想，这一事业的一部分影响现在已经指出来了，我们可以足够大声地为它们说话。对于一个有反思能力的人来说，甚至这些东西就是预示着一场更关键和更激进的变革的迹象。不仅几乎所有认为事物本来如此的人的信念是错误的[4]——而且，根据同样的信念，依然待在旧的轨道上，事物并不会向好。社会所要求和期望的并不仅仅是一架新机器，而是按照另一种方式构造的一架机器。人类将不受古训所引导，也不受旧训所引导；他们将不会像他们迄今为止所做的那样选择他们的观念和训诫。古老的宪法文本是昔日的法术，它随意召唤或安排英国人民的精神：什么东西变得有魅力？ 谁可以指望通过法律、商业、外交政策、宗教政策等的古训支配公众的头脑？ 谁的感受现在被辉格党和托利党（Whig and Tory）的格言和口号所触动？ 通过自己个人权威的分量，辉格党或托利党可以命令政治事业的十个追随者什么？ 不仅如此，地主可以要求他的雇农什么，制造商可以要求他的雇工什么？ 穷人是否尊重富人，是否考虑他们的情绪？ 年轻人是否尊重老人，是否考虑他们的情绪？ 对于我们祖先的感情，几乎可以说，我们只保留人类社会状态中自然和必然成长的东西，尽管是被构造而成的；我只采纳众议院一个成员充满激情的表达，不到两年前，他谈到过年轻人，社会中的那一等级，说他们准备征求意见。

S-1-10　既然事实如此明显，那么一些对他们的目标和可能结果的反思将会有更多机会得到他们应得的读者的适当关注。

S-1-11　考虑到旧体制和旧学说堕落到不被信任，我可以说，照我的意见来看，这种不信任完全是应得的。话虽如此，我也许希望，相反的解释将不会用到我的观察未及的地方，以免它们中的一些情况与今天的情绪这么不投合，正如我在开始时有理由期望的那样。最好的向导不是那样的人，当人们走在正确的路上时，他只是赞赏它，而是这样的人，他向人们指明陷阱以及濒临绝境的峭壁；一旦他们走在错误的路上，再警告他们就已经没那么必要了。

S-1-12　说明这种普遍的对我们祖先思维模式的脱

离，有一种非常简单、非常讨巧的方法：如此简单，确实，如此讨巧，尤其对听众来说更是如此，就像对想要获得雇用和掌声的作家们一样如此方便，当这些作家不是对已经远去的时代的人们宣讲，而是对已经开始的时代的人们宣讲时。这一解释是把已经改变的观念和感受状况归结于人类理解力的发展。根据这一学说，我们拒绝误导我们祖先未开化的头脑的诡辩和偏见，因为我们已经知道得如此多，已经变得如此聪明，以至于不会被这样的诡辩和偏见所支配。是我们的知识和我们的睿智使得我们远离这些严重的错误。我们现在已经上升到有能力感知我们的真正利益；不再处于欺骗我们的冒牌货和吹牛者的势力之下。

S-1-13 我无法采纳这一理论。尽管是一个相信时代进步的坚定信仰者，我并不认为它的进步是这一类进步。当前时代的伟大成就是肤浅知识的扩散；且肯定不是仅由一代人就完成了的小事。那些占有知识的人——这种知识就通过他们自己以形成合理观念来说足够了，也形成一个不断增长的群体，但迄今为止在所有时代都还只是一个小群体。它把智力火炬的概念带得太远了，以致不能假定当代的一个普通人都要比 18 世纪初最伟大的人物更优越；然而，他们坚持的许多观念我们正在迅速摈弃。因此，时代智慧并不是我们正在寻找的原因。我并没有觉察到，就我的同胞中能够阅读和思维的绝大部分人所接受的精神训练，和那种被提供给他们的知识和其他智力营养品而言，有什么东西可能使得他们比从前更不容易受骗子和冒牌货的影响。伊迪士博士（Dr. Eadys）依然在愚弄下层阶级，而圣约翰·朗斯（St. John Longs）愚弄上层阶级：[5]制造两者在政治上和文化上的相反类型并不困难。在我能够对我的同时代人作出的这些观察中，我也看不到证据，证明他们拥有任何原则，使得自己比由诡辩和偏见所误导的以往任何时代更不容易受欺骗。我看到的全是，那些从他们的祖先传递给他们的意见，并不是那种诡辩和偏见，那种诡辩和偏见适合在改变了的心理框架中拥有相当优势。我比较倾向于说明这一事实的方法，不是去反思赋予我们所生活于其中的社会的如是夸张的伟大荣耀，好像一切来源于这一理论，认为所有的东西都归结于我们理解力的极大扩张。

　　S-1-14　鉴于有利和不利方面的考虑，为了控诉当前的处境（present design），将有必要在某些细节上对时代的智性倾向进行评论和分析。就当前而言，指责将一个对特征的积极评价仅仅建基在否定的因素上几乎是不安全的就足够了，一个人、时代或国家所没有的这些缺陷或偏见将会继续，除非和一个聪明的人踏上一条非同寻常的路，形成了对它们的高见。一个人可能没有任何偏见，但仍然绝不适合任何天性的目的。拥有错误的信念是一种恶；但根本没有强烈的或深层次的信念是一种巨大的恶。在我赞美一个人或一代人已经摆脱他们的偏见之前，我需要知道用以替换它们的是什么。

S-1-15　现在，不言而喻的是，在我们已经抛弃的东西的位置上，固定的意见还没有普遍确立起来；新的哲学学说或社会学说还根本没有要求或有可能即将要求一种可以与古老的学说在它们还在流行的时候所自诩的完全相媲美的一致认可。只要智力的无政府继续持续，我们便会确信我们正走在一条使我们变得比我们的祖先更加聪明的合理的路上；但是肯定我们已经变得更加聪明了，这是不成熟的。我们还没有发展到超越不稳定状态，当心灵发现它自己刚刚摆脱一个严重的错误且自身尚未满足真理时，心灵便处于这种状态之中。当前的人更容易倾向于一种观念而不是去拥抱它;很少有人会完全相信他们自己的信念,除了那些非常投入或非常狂妄的人。这不是一个健康的状态,不过至多是一个康复的状态。这是文明进步的一个必要阶段,不过伴随着许多的恶;因为一条路的一部分相对于其他路段来讲可能更加艰难更加危险,尽管每一步都使得旅行者接近自己欲求的目的。

S-1-16 不是智慧的增长,而是我们更加确信的现实的原因,能有助于说明偏见的衰落,也即是讨论的增加。涉及人类感兴趣的重大话题时,人们可能并不会推理得更好,但是他们会推理得更多。重大的主题被更多的心灵更多、更长久地讨论。讨论已经深入渗透进社会当中;假如不是比以前有更多的人达到更高的智力程度,那么只有更少的人屈膝于卑劣的愚蠢状态,只能与彻底的冷漠和呆滞一道。

S-1-17 我们所取得的进步严格来讲是讨论的增多足以产生的这样一种类型的进步,无论它是否伴随着智慧的增多。去讨论,和去质疑已有的观念,只不过是同一事物的两个说法。当所有的意见被质疑时,就会及时发现哪些是经不住严格审查的东西。古老的学说随之被放在证据的拷问之下；那些原本就是错误的东西，或由于环境的变化变成错误的东西，被抛弃在一旁。讨论就是做这样的事情。同样，通过讨论，真实的观念被发现并传播开来。但这并不能确定它是由于错误减少而产生的一个后果。为了合理地确保一个给定的学说是真理，通常有必要去检查和估量大量的事实。一个单独的完全确定的事实，如果明显地与一个学说不可调和，就足够证明它是谬误。不仅如此，观念往往由于自身的不一致而推翻自己；它们有根据的不可能性允许带回到这一头脑，它没有被如此多的积极真理所占据。一个观念与自身、与明显的事实，甚至与其他偏见的所有不一致，讨论都涉及并使得一切都明了：实际上，这一驳斥模式，相对其他模式来讲只需更少的研究和更少的真正知识，更适合大多数争论者的志趣。但是心灵的这种时刻和这种状态，在这种时刻和状态中人们摆脱了错误，并非最适宜于那些对于探究真理来说必要的精神过程，除非本性上非常乐意被构造。最初误导他们的，一般来讲不是别的，而是不能同时看更多东西的无能；而且这种无能倾向于固守这些东西，即使当他们的眼睛转到另

外一个方向之后。他们通常认定那打断他们的新的灯光是
唯一的灯光；他们任意和故意地吹熄古灯，尽管古灯不能
够显明他们现在看到的东西，但非常有助于照亮近邻家的
东西。无论人们是坚持旧观念还是采纳新观念，他们一般
都有一种不可战胜的分裂真理的冲动，掠取一半，或一半
都不到；并且有这么一种习惯，竖起自己的羽管以及像豪
猪一样刚毛林立以反对任何一个把另一半带给他们的人，
就好像他企图要剥夺他们已经取得的那份一样。

S-1-18　我根本不是要去否认，除了消除错误之外，
我们也在不断地扩大积极真理的库存。在物理的科学和技
艺中，这一点太过明显以致毋庸置疑；但是在道德和社会
的科学中，我相信它也不可否认的是真实的。每一时代最
聪明的人在智慧上一般会超越之前任何时代最聪明的人，
因为最聪明的人拥有并受惠于所有时代不断增长的思想的
积累；但群众（我指的是所有等级的大多数人）只拥有自
己时代的思想，而没有其他时代的思想；假如一个时代的
大多数人比另一个时代的大多数人更接近真理，那只是因
为迄今为止他们受他们之中的最聪明的人的权威引导和
影响。

S-1-19　这与某些观点联系在一起，就像它向我呈现的那样，并没有得到许多人的充分注意，这些人与我一样，支持人类心灵无限进步的学说；但这必须得到理解，为的是正确评价当前时代，作为道德和政治过渡的一个时代的特征。故而，这些东西我打算在接下来的论文中予以强化和说明。[6]

注释

1　例如，《巴比伦及预先注定的对上帝的背叛：论丹尼尔预言和启示录，涉及当今时代直到第二次降临》（*Babylon and Infidelity Foredoomed of God：A Discourse on the Prophecies of Daniel and the Apocalypse，Which Relate to These Latter Times，and Until the Second Advent*）（Glasgow：Collins，1828），爱德华·欧文（Edward Irving，1792—1834）著，一位流行的传教士，托马斯·卡莱尔早期的朋友；《预言对话录》（*Dialogues on Prophecy*），3卷本（London：Nisbet，1827—1829），亨利德拉蒙德 [Henry Drummond（1786—1860）] 公司，银行家，以及 M.P.（1810—1813，1847—1860），被授予牛津大学政治经济学教席（see Nos.69 and 110），而且是伊尔文教会（Irvingite church）的创立者；以及《巴比伦的憎恨》（*The Abominations of Babylon*）（London：Hatchard，1826），《有关犹太国预言的流行演讲》（*Popular Lectures on the Prophecies Relative to the Jewish Nation*）（London：Hatchard，1830），都由休·麦克尼尔（Hugh MacNeile，1795—1879）著，阿尔伯里的牧师，此时是一个伊尔文派信徒。

2　托马斯·莫尔爵士（Sir Thomas More）；或《社会进步和前景对话集》（*Colloquies on the Progress and Prospects of Society*），2

卷本（London：Murray，1829），罗伯特·索西（Robert Southey，1774—1843）著，多产的诗人和作家，这一期间密尔在早餐上会见过他。

3　大卫·罗宾逊（David Robinson，1849 年去世），《给克里斯托弗·罗斯先生的信，关于时代精神》（"Letter to Christopher North, Esquire, on the Spirit of the Age"），《布莱克伍德杂志》（Blackwood's Magazine），第二十八期（1830 年 12 月），第 900—920 页。

4　"事物本来如此"成为激进派的一个口号，它可能取自《事物本来如此》（Things As They Are）；或《加勒比·威廉姆斯历险记》（The Adventures of Caleb Williams），3 卷本（London：Crosby，1794），威廉·戈德温（William Godwin，1756—1836）著，哲学家和政治作家。

5　伊迪士，意味臭名昭著的江湖郎中，在圣艾夫斯生产亚麻布时曾破产过，1824 年曾成功地复原 115/11/6 面值的英镑（Examiner，29 Feb.，1824，p. 142）。圣约翰·朗斯（St. John Longs，1798—1834）是一个流行的但未经过训练的行医者，在哈雷大街有一间办公室，他的"摩擦及腐蚀"疗法时常会有不幸的后果，导致病人死亡后官司缠身。

6　第 77 期。

时代精神之二

　　以类似的方式，试想一支沙漠旅行队长时间由一个失明的引路人引导在未知的地区，他们中较聪明的人会多么热诚地劝说其他人运用他们自己的眼睛，而人们会多么不情愿地听从那个坚持主张寻路很困难、好歹需要一个引路人的人。

刊载于《监察员》，1831 年 1 月 23 日，pp.50—52。

相关背景和条目，见密尔书目中编号为 73 的文章。本文在《萨默维尔学院文集》中以"时代精神，第 2 篇"之名在列。有一处印刷错误的更正："power in itself, on earth or in hell"改为了"power on earth or in hell itself"。

S-2-1 我曾经说过当前是一个过渡的时代：现在我应该试着指出这个事实的最重要的后果之一。在人类所有其他的状态中，未受教化者相信教化者。在过渡的时代里，教化者之间的分歧消解了他们的权威，让未教化者失去了对他们的信心。群众没有引路人；而且社会暴露在错误和危险前——当从未全面或在整体上研究过任何一门知识的人试图自行对某部分知识作出判断时，这些错误和危险便会发生。

S-2-2 这就是我们真正地处身其中的状态，为此我倒可以为自己免去作出证明的麻烦：事情已经变得如此习以为常，因此唯一可以想见的困难是说服人们相信这不是我们的自然状态，且与人类的任何好的希望一样，祈祷我们可以安全地摆脱它。一个人只要观察和冥想的时间越长，他就会看得越清楚——即使聪明人也容易在做年谱论文时弄错年代；且由于在过渡时代里私人判断的操练是一切进步的来源，毫无疑问人类应当把他们自己和唯一仅剩的人性源泉联系在一起将之作为最终的避难所。以类似的方式，试想一支沙漠旅行队长时间由一个失明的引路人引导在未知的地区，他们中较聪明的人会多么热诚地劝说其他人运用他们自己的眼睛，而人们会多么不情愿地听从那个坚持主张寻路很困难、好歹需要一个引路人的人。他将会被真诚地告知：迄今为止，他们迷失了方向仅仅是因为他们有致命的弱点即允许他们自己被人引导，除非每个人都敢于为自己去思考和观察否则他们将永远到达不了他们旅程的目的地。或许还可以再加一句（带着轻蔑的微笑）：如果他真诚地质疑其旅行同伴认路的能力，那么他会通过给每个人一副能加强视力、消除模糊的眼镜来证明他的真诚。

S-2-3　过去的人一直要坚持遵从失明的引路人。现在的人吩咐每个人自己去寻找，无论是否借助于所允诺的眼镜来提供帮助。

S-2-4　当这两个相互竞争的派别运用他们的诡辩相互批驳之时，能够突破其时代观念的人在当前的物理学中和人们以之塑造自己思想行为的方式上有了一个范例，一个关于在其余所有人类知识门类中被期望及争取的东西和毫无疑问有朝一日能获得的东西的范例。

S-2-5　我们从未听说过在自然科学中私人判断的正当性，尽管它确实存在；如果一个人是如此地有头脑，那么是什么东西在阻止他否定自然哲学的命题呢？然而一系列伟大的人物把自然科学推进到了如此发达的阶段，他们借以训练自己的方法是如此彻底地排除了在为达真理而承受痛苦时犯下实质性错误的可能性，以至于所有这些研究那些课题的人就它们达成了近乎完全的一致。一些不重要的差异无疑也存在；有些并不是科学世界的观念最终在其上奠基的地方。然而大多数的问题是出于人们的好奇而不是实用性，极少有人试图将这些问题赋予不恰当的重要性或剔除它们，经由特殊有教养者构成的法庭诉诸全体公众的法庭。如此造就的坚实权威吓服未开化者的心灵：就算零星有那么些脑袋装满错误观念的人——例如理查德·菲利普斯爵士（Sir Richard Phillips）——抨击牛顿的发现，复兴已被人遗忘许久的笛卡尔的诡辩法，他们也无法获得尊重。[1] 依然可以找到曾经迷惑过最精巧理智的那些谬误，我们猜想当前一部分知识分子仍然没有强大到足以抵制它们，但是，没有人敢于对抗科学世界，除非他有资格被称为一名科学家（a man of science）；没有人这么做，如果没有不可抗拒的证据强迫他接受公认的观念。因此，物理科学（一般地说）在逐步地增长，但从没有改变：在每个时代它们事实上都取得了重大进步，但是对它们来说过渡的时代已然过去。

S-2-6 简直无需论及亲近人类道德状况和社会状况的科学与这一切有多么不同。在那些科学中，所有学过这门科目的人们之间没有这种出色的一致性；因此，每个涉猎者都认为他的看法和他人的一样好。任何一个有眼睛有耳朵的人都应该是评判者，例如一个从没有系统学习过政治学或政治经济学的人判断自己是否不该以最大的确信去传播最残酷的看法、以最可鄙的无知和愚蠢让那些为科学辛勤工作的人操劳。已经系统学习过这些科目的人才应该被认为是没有资格的。他是一个理论家，然而这个表达人类理智最高级和最高贵的努力的词变成了一句讽刺语。人们以对一个科目采取"平实的、事实性的"观点为傲。我听说过一本名为《写给平实之人的平实政治学》的书。我清楚地记得一个有才干的人就此发表评论："《写给平实之人的平实数学》，一部以此为名的作品会有怎样的思想？"这种比较是非常精确的。虽然这两门科学所依赖的根据有着不同的本质，但它们都是系统连贯的真理，很少有实践的问题，实践的问题是带着利益来讨论的，除非党派之间在大多数最基础的问题上达成一致，因此人们听到或者看到的大多数政治讨论并不像在二项式定理被提出来供一个所有成员都不承认三项式法则的论辩团体来论证时人们所期待的那样。人们心里没有合适的尺度时便涉入一个学科，通过以前学到的东西去理解和赞赏真正的辩论，他们谴责辩论而不是自己，他们认为真理是一种让他们理解的强制性义务，不管他们是否采取了正确的方式去理解它。除了第一印象，任何模式的判断都被看成虚假的文雅而拒绝。如果有一派哲学家仍然坚持太阳绕地球转的看法，那么有人会怀疑老百姓将站在那一边么？ 什么样的字眼可以表示他们对反对者的蔑视啊！ 人们依照自然的机敏形成自己的观念，完全不求助于学习。有时脑袋顽固的人——他对一块磨坊石头的了解比对他的邻居清楚，并且认为思考一个课题就是在理解它——发明一门完整的科学，出版他的著作，而他完全没有意识到这一事实：其发现的十分之一在一个世纪以前就有人知道了，且余下的部分（假定它们没有荒唐到不被之前的任何一个人所想到过）从那时至今在你能提到的任何一个年头里都已经被驳倒。

S-2-7 这是我们现在所处的状态；问题是，我们如何摆脱它呢？由于我不可能采取大多数人可能会想到的最简单也最自然的看待这回事情的角度，我将会首先阐明这是什么，以及我不同意它的理由。

S-2-8 如今很大一部分讨论和写作都关注人民的教育和知识的传播，我认为这些内容实质上的荒谬和不切实际被掩盖在了不严谨和含糊的一般性[2] 之下。

S-2-9 或许在期待我也乐于看到的由人民总体理智的增长所带来的人类社会状况的进步方面，我比我强烈反对其语言的大多人走得更远；就我相信他们能够拥有的理智的程度而言，我不屈从于任何人。但是我不相信，伴随着这种理智，他们将会有足够的机会去学习和经历使自己精通于所有那些达致真理的通过它们有利于规范他们的行为的探究活动，并且在他们的心里接受整体的证据，那些真理所集起、对建立真理来说必不可少的证据。如果我要考虑所有必不可少的东西，我会对人的本性感到绝望。只要每天还是只有二十四小时，人也只能活到七十岁（除非我们期望生产技艺的进步足以保留我们黄金年龄），那么绝大多数人仍需把他的大部分时间和精力用于获取每日口粮。以每一个可以想见的不利因素为代价，极少数杰出的个体才会突出出来；不过对一般的人来说，练习和展示他们才智的主要领域现在是——将来也会不得不是——他们自己特殊的期望和职业。这并没有对他们可能的智识施加任何限制，既然学习的模式和实践的模式——即职业自身——仍然构成了所有智识练习的最有价值的部分之一，特别是在人不过是机器的职业中，他的代理迅速被真正的机器所取代的时候。但那并没有给大多数人的权力设立限制的东西却还是极大地限制了他们可能的学识。有那么一些人，社会环境和他们在社会中所处的位置允许他们献身于对物理、道德和社会真理的考察和研究，作为他们独有的职业，可以期望他们让这些真理的证明成为深刻沉思的主题，期望他们成为某些观念的哲学性基础的大师——这些观念要被所有人深深信服，而不仅仅只有他们能完全地、哲学性地把握。其余的人——就他们在所有广泛的主题上的绝大部分的观念而言——必须并且总是要依靠那些研究过这些主题的人的权威，除了像现在一样的过渡时期。

S-2-10　也不是说所有人都没去调查和探究。唯一的抱怨是，他们中的大多数人由于事情的本性而被排除在了充分的调查和探究之外。的确，他们应当在个人才智、闲暇和爱好的最大限度上去熟知呈现在他们面前的真理的依据。尽管一个人可能从来不能理解拉普拉斯（Laplace），但是这不能成为他不该读欧几里得的理由。不过，绝不能因为有人从第四十七个命题学起而不能理解它，就说欧几里得错误百出或是个十足的无赖，甚至是从最开头一直学到等边三角形两底角相等定理的人也会大错特错，如果他发誓说他将自己驾驶他的航船而不相信数学菜鸟无意义的计算。[3] 让他学习他能学到的，且尽他所能——然而仍应记住的是，总是有其他人可能知道更多的东西，这些东西不仅是他不了解的，而且在他现存的知识状态中他也不了解这些东西的证明，他不可能会是一个合格的评判者。

S-2-11　对于刚刚观察到的东西我们没有答案，也不能说最重要的道德和政治问题的基础对于能力极有限的人来说是简单明显的，以中等程度的学习和关注就可理解，不能说所有人都可以掌握这些证明，且没有人会因为相信而采纳这些学说。作为该反驳出发点的这一事实无疑是真实的。对于人类而言最重要的道德和社会真理的证明简明且容易理解；幸福将在这一天到来，这时候这些东西将会在人民中间传播，取代那些关于光偏振和绳索刚性[4]的二流论文。但首先不是每个人——且没有人在生命的早期——拥有人类普遍的充足经验，并充分反思过内心的历程得以在理性站在他面前时能赏识它的力量。然而，有大量重要的真理，尤其是在政治经济学中，从它们依赖的真理的特殊的本性来看，这一困难并不适用于它们。这些真理的证明可以被降低到未开化的群众的层次上，将会获得极大的成功。但是，就算该做的都做了，总有些东西他们会不可避免地因为相信而采纳，即论据真的像是它们所呈现的那样确凿，不存在可以从它们倒退回去的与主题有关的考虑，每一个反驳都被表明是经过充分的考察了的且被发现无关宏旨。轻易就可以说某些命题的真理对常识来说显而易见。事情可能正是如此，但我如何确信常识的结论是经由精确的知识肯定了的呢？ 依照常识的判断仅仅是依照第一印象判断的另外一个说法；每个身处众人之中的有能力观察他们的人都知道，把隐含的信念植入其常识的人，毫无例外，都是他要去对付的固执且不切实际的人。追求真理不需要权威这条箴言，并没有完全说出问题所在；没有人宁求权威而不求真理——因为权威仅仅被用作追求真理的凭证。真正的问题是：根据每个人自己的判断来决定，在特定的案例中信心主要是依照自己的理解，还是其权威的观念？ 因此很明显，有些人认为忽视权威是一种德性，其他人则认为它是荒谬和邪恶的。冒失的人需要权威来限制他犯错误，温和的人则在做正确的事情时候需要它来增强自己的信心。譬如，什么真理比道德的第一原理更加显而易见或者能依靠更加简单和熟悉的考虑呢？然而我们知道极其巧妙的事情可以说与它们的极端平实是相反对的——最有教养的人，尽管从没有在某个时刻被它们误导过，在满意地解答它们上仍然有不小的困难。可以想象如果这些诡辩被交给半吊子学问的人来裁断——且我们不能指望每个阶层的大多数人更多——谬误的解决总是能够被找到和理解吗？ 虽然，最有可能的是，谬误不会对他们只产生轻微的影响——不过这是为什么？ 因为群众的判断将会告诉他们，他们自己的判断并不是最后的决断，因为他们伴随着道德真理的理智的信念是由最明智者的权威来裁决的；然而反驳——尽管他们自己的理智不接受——并没有得到同一个强制性权威的支持而是被它反对。但是如果你劝说一个无知者或是一个半吊子学问人应该主张思想的自由，抛弃所有的权威，且——我不说运用他自己的判断，因为他没法做更多——仅仅相信他自己的判断和依照他自己对证明的看法来接受或拒绝某些观念；——简而言之，如果你给人上有关冷漠的课，如此真诚，且取得令人羡慕的效果，恰如伟人洛克为教诲学生们所写的，[5] 那么细枝末节的小事就足以使他们的心灵躁动不安和困惑不解。并没有涵盖所有人类事务的真理，然而显而易见，如果那些人独断地运用他们的见识来判断所有事情，一个富有创造性和技巧的智者也没有办法把这些证明提供给这些没有受到过多少教化的心灵。自以为是的人可能会教条化，轻率地扎进某些观念里面，总是肤浅的，把错的当成对的；仅仅根据他自己平庸的判断力来建立价值的人很少会克服半信半疑的状态。你可能说服他们拒斥最有教养的人的权威，然而完全可以确定每个人都可能仅仅是一个他身边某个人的奴隶，这个人拥有持续影响他的极大的能力，把偏爱他自己所想要的结论的那些考虑强加给他。

S-2-12　因此，人性的必然状态之一是大部分人要么有错误的观念，要么没有固定的观念，要么必定会出于理性的根据而依靠某些把道德和社会哲学作为他们特别研究的那些人的权威。每个人当然都应该试着理解自己的兴趣和责任。他当然要尽可能地跟从自己理性的引导，尽可能地提升自己的能力。但是，理性本身将会教会大多数人：他们最终必须求助于更有教养的心灵的权威作为其理性本身信念的最终裁断。

S-2-13　但是哪里有这种主导这个遵从或者说配得上这种遵从的权威呢？　没有，此处我们看到了道德和社会过渡时期的这种独有的特征和独有的麻烦。在所有其他时期中存在着一个庞大的公认的学说整体，它几乎覆盖了人类道德关系的整个领域，它背后支持的权威来自所有的——或者几乎是所有的——被认为握有足够知识让他们够格在这一课题上给定一个看法的人，没有人想到要质疑它。事情的这种状态现在并不存在于文明的世界里——事实上，在某种有限的程度上，美利坚合众国除外。探究的进步并没有澄清古代学说的不足；但是那些以社会真理的研究为职业的人却还没有认可新的得到他们一致——或者几乎一致——同意的学说整体。把真的观念推荐给公众，是通过和万千错误观念差不多分量的权威；并且即便是在现今，要找到任何庄重且主导性的权威的联合体这样的事物，我们仍须回复到那些引起人类心灵进步——更流行的称呼是时代进步——让我们获得解放的学说。

S-2-14　与此同时，当旧的学说已经消亡，而新的理论还未来到，每个人都必须尽最大的能力自己去作判断。自己学习和思考，这是针对今天的合理忠告：但是不要让今天的事务对明日的工作抱有成见。用菲耶韦（Fiévée）的话说，"道德优势，最终会同意"[6]。这个时代的精英终有一天将会携起手来并且达成一致，无论人间还是地狱都没有什么力量能够抵挡他们。

S-2-15　然而在这一切发生之前，现在这样构造的整个社会框架必须有一个改变。世俗的权力必定从人类停滞的那部分人之手转到进步的那部分人之手。必定有一场道德和社会的革命，事实上这场革命虽不会牺牲人们的生命与财产，却也不会让人们不劳而获。

S-2-16　人无法达到其目的，除非经过了这样一场转变，这场转变将会并且应该会被感觉到，这是每个能够感受到自己时代的需要、不执着于过去的人的结论。那些可能会读到这些文章，特别是接下来一篇[7]的人，无论其他人的判断有多么地成功，会在那里找到提供本论点根据的努力。

S-2-17 对人类来说，在他们心灵躁动不安、没有固定原则，且不能信任自己或其他人的时候，改变他们的社会建制事实上是一件令人恐惧的事情。但是要摆脱一种坏的处境，坏办法通常是最好的。让我们别把我们对未来的信任交给人类的智慧，而是交给更加确定的事物——环境的力量——它让人们明白，当它近在咫尺时，人们并不能够预见到它就在不远的地方，而且在紧急状况下，它总是出乎意料地使整个过程立刻变得极其容易和明显。

注释

1　理查德·菲利普斯（1767—1840），书商和出版商，在《论宇宙一般现象的直接原因》（伦敦：苏特，1818）和《驳〈自然哲学主要原理〉》（伦敦：修伍德，1830）中强烈抨击牛顿（Newton）和支持笛卡尔（Descartes）。笛卡尔（René Descartes）的"诡辩"（关于涡流），参见他的《哲学原理》（1644）。

2　哲学激进分子偏爱的一个术语，在杰里米·边沁（Jeremy

Bentham)《著作集》第二卷第 440—448 页（第四部分，第三章）、《谬论之书》（1824）中专门使用过。

　　3　古希腊几何学家欧几里得的《几何原理》第一书第 47 个命题是毕达哥拉斯定理（the Pythagorean theorem）；等边三角形底角相等是第一书第 5 个命题，这么讲是因为智力差的学生不经过一番磕磕绊绊很少能够掌握它。

　　4　这些论文作为第 46 和第 53 号列在《实用知识传播协会之报告和指南》［伦敦：鲍尔温（Baldwin），及其他，1830］，第25 页。

　　5　约翰·洛克（John Locke，1632—1704），《论人类理智》（1690），新版第 10 卷《著作集》（伦敦：泰格，及其他，1823）第二卷，第 368—369 页（18 节）和第 372 页（20 节）。

　　6　菲耶韦（Fiévée），《政策和行政管理通信集》，第三卷，第13 部分，第 136n 页。

　　7　第 82 号文章。

时代精神之三（一）

　　当社会已经进入或即将进入那么一种状态——原则尚未建立，意见世界混沌一片，在世俗事务方面任何人都为任何原因对任何事不满，他迅速倒向世俗权力的更替以此获得某种东西来消除他眼中致其不满的原因。

刊载于《监察员》，1831 年 2 月 6 日，pp.82—84。

相关背景和条目，见密尔书目中编号为 73 的文章。本文在《萨默维尔学院文集》中以"时代精神，第 3 篇"之名在列，并括于方括号中。

S-3-1-01　人类的事务，或那些我们称为国家的小一些的政治社会的事务，总是处于两种状态中的一种，一种本质上是持久的，另一种本质上是短暂的。我们可以将前者称为自然状态，后者称为过渡状态。

S-3-1-02　在以下这种情况下，可以说社会正处于其自然状态，即世俗权力和道德影响力习惯性地且毫无争议地由那些当前社会状态所能提供的最佳人选运行着。若把条件说得更清楚一些，那就是一方面共同体的世俗利益（法国人所说的物质利益）由占据社会管理最高职位的部分人所管理；另一方面，那些人民追随其意见、采纳其态度的人，那些实际并获得公认地履行公职——无论顶着何种独特的头衔——为人民谋划的人，在正确和有益的思考判断方面，正是这个时代和这片国土的文明所能提供的最胜任者。

S-3-1-03　在这样的状况中，人民习惯性地默许他们身处其中的法律和制度，在制度之内寻求宽慰，而不是违抗它们，即使他们有时会不高兴并由此不满。往上爬的个人野心唯有通过法律认可和允许的途径才有望实现。这种统治力量对于对抗文明的进步没有直接兴趣，社会要么是不变的，要么就朝着不会和已有秩序撞车的方向前进。

S-3-1-04　在以下这种情况下，可以说社会正处于其过渡状态，即这个社会中有一些比一直以来的享用者更适合拥有世俗权力和道德影响力的人；世俗权力和现存的最高世俗事务职位已然分离不再统一；为不习惯自我谋划的人民设定意见、建立态度的权威根本不存在，或偏偏不存在于这个时代最有文化的心智和最高尚的品格之中。

S-3-1-05　当社会已经进入或即将进入那么一种状态——原则尚未建立，意见世界混沌一片，在世俗事务方面任何人都为任何原因对任何事不满，他迅速倒向世俗权力的更替以此获得某种东西来消除他眼中致其不满的原因。这种态势会持续到一场道德和社会革命（也可能是一系列的这类革命）将世俗权力和道德影响力重新放回到最胜任者的手中，此时社会再度进入其自然状态，重新迈步前进，从此前被已然不稳的社会系统所阻断的地方开始。

S-3-1-06　这部分文章（以及后面紧随的部分[1]）的目

标在于阐明社会显性结构中的改变，这些改变显然即将发生，有那么多人担心地期盼着，那么多人怀着一种性质上与我截然不同的希望期盼着，这些改变能带我们度过当前的过渡状态，人类心智将继续其平稳不变的前行之路；这一路线不会受动荡或混乱的干扰，无论在政治世界还是道德世界都是如此，由于这一路线是在迄今为止最好的时代中，考虑到快速进步的方式以及较少被反作用力量的影响所阻碍，它比之前的任何时代都更受欢迎。

S-3-1-07　就让我从世俗权力的状况开始。

S-3-1-08　社会状况有两种，这两种状况在别的方面不同，但在这一点上是一致的，即世俗权力习惯性地由最适合的人行使。在一种状况下，掌权者们因为能够胜任而被众人选出。在另一种社会状况下，对权力的保有本身产生了行使权力的资质，这些资质远胜于其他人在这种社会环境中所能获得的。

S-3-1-09　关于前一种状况，我们可以列举古代最好的共和政体为例，而今则正在美国发生；后一种状况盛行于中世纪的绝大多数欧洲国家。

S-3-1-10　在最好的古代共和政体中，所有在人们眼中

需要特殊才干的政治或军事公职皆根据最佳判定人的意见
被授予国中有身份有教养的人（基本上是雅典的自由公民
和罗马——在它最好时代——的自由公民），这些人在管理
国务方面有着最出色的个人品质，并会以那个时代的最佳
理念来进行管理。雅典是显而易见的例子，那一系列杰出
伟人总会作出那么明智的抉择，他们成功地管理着这个小
共同体的事务，他们使雅典成为世界的光明与文明之源，
使雅典成为迄今为止的历史所能提供的最鼓舞人心、振奋
人心的例证——证明人类的天性是多么有才干。而罗马，
这个共同体从极小起点到极高繁荣强大的持续进步确证了
同样的事实。

S-3-1-11　在美国，那些被全体人民的声音召唤到权力
面前的人公平地去证实他们拥有出色的判断力足以获得最
高公职。每次总统选举，在人民了解的每一种情况下，人
民的选择无一例外地落在了最适合的人的头上，所有公正
的观察者必然会承认这一点；绝不可能出现一个人——如
果他是候选人——被认为相当卓越能胜任总统之职却没有
得到它的情况。只有两次，人民的判断后来被证明是错
的，而他们一旦获得了法律给予的机会就改正了错误。[2]

S-3-1-12 设想在建制如同美国的共同体中掌权者并不是真正最有资格的人（当然，事实上他们是的），但他们至少是人民想象中最有资格的人。人民因此满意他们的制度，满意他们的统治者，不会为他们的私人问题而去谴责当前的社会秩序，不会用各式各样违反秩序的方法去寻求处境的改善。

S-3-1-13 人们有意识地选出最适合的人，将管理共同体事务的权力交在他们手中，这样的例子除了以上提到的那些，还有另外一种：权力并不是委派给已经算得上是最适合的人，而是有强大的趋向使得一个人成为最合适的委派者。这种社会状况最典型的例子是苏格兰高地族，另外，所有野蛮民族的小型社会都与之大致类似。部族的首领是专制的，只要风俗、看法和习惯让他如此。他并不是由于自身的品质而被选为首领的，而是因为这一职位在任何情况下都是世袭的。他生来就要担当此任，并且从少年时代就开始实践，而共同体的其他成员生来就要成为别的什么，实践的也是别的东西，没有机会训练自己成为首领。而且这一社会立场本身就不容许首领完全缺乏在战斗中带领族人、在会议中引导族人的品质。这是他和他的族人们的生存状况，他必须能在困难重重的环境中保住自己。人们总会去设法获得他们必不可缺的能力，因此部族头领几乎没有完全不适合统治的，而族人们则适合执行命令，虽然有时会提出建议，但极少发号施令。所以说，领导者仍是最适合的人，或者至少和其他人一样适合，既然人们信任那些管理他们事务的人，社会自然状态的基本特质就会得以实现。

S-3-1-14　在这两种社会状况——即能力让人获得权力和权力造就人的能力——之间存在着重要的差别：前一种状况本身并不包含使之解体的种子。正如大量实例所显示的那样，一个由其最有能力的成员指挥的社会（无论这些人能在何处被发现）无疑会走到终点，不过至少它的解体不是由它自身的组织所直接导致的结果，因为每个新崛起的智性力量都会在当前社会秩序中获得其自然位置，并不一定要打破它为自己开道。然而当占有权力的只能是特殊的人且无关其能力之时，这些人可能在今天是最适合的，而到了明天就成了最无能的，这样一来社会构架无疑将遭到破坏，破坏来自每一个产生于社会自身的原因，来自比掌权者更适合执掌权力的人。这是因为，虽然人类在除去过渡期外的所有时代都准备去听从和爱戴那些他们认为能比自己更好地统治他们的人，但是甘心顺从那些在你看来并不比你明智的人却并非人之天性，尤其是当你被那些在你看来更为明智的人告之他们将以一种不同的方式来进行统治的时候。文明趋于一方面让被排除于权力之外的人越来越适合它，另一方面又让权力独占者比原来更不适合它，进步终会颠覆这种状况，除非它已然筑就完全防止文明进步的建制。

S-3-1-15　现在我所要证明的论点是：以上内容正说明了在现代欧洲已然历时颇久的进程；权力资质一直不在于、现在也不在于是否胜任，无论在事实上还是在推测上；通过必要的社会条件，掌权者在过去的很长一段时间中都比其他人更为适合掌握权力，但他们开始变得不适合权力，同时另一些人开始在文明的进步中获得权力，直至权力和对权力的胜任完全归于一致；如果把政治条件考虑在内，这正是对当前社会秩序的普遍不满和政治看法不稳定的一个很大原因。

S-3-1-16　自现代欧洲国家最早的时期开始，所有世俗权力属于一个特殊的阶层——富有阶层。在许多世纪中，唯一的财富是土地，唯一的富人是领土贵族。到了较晚的时代，土地财富不再集中由少数贵族家族占有，制造业和商业财富逐渐增长至可观的规模。世俗权力（我用的这个词包括所有直接影响社会共同体的世俗事务）开始成比例地分散。它变得只被两个阶层所有——土地士绅和有钱阶层，如今依然还在他们手中。

S-3-1-17　在许多时代中，所有人都认为这是权力正当的归属，因为一般来说，他们拥有共同体其他成员在这种文明状况中无法理智地去期许获得的那些品质。举个例子，在那些时代，所有知识都来自实践和经验，而不是从书本中学得，因此我们无法想象佃农、农奴，甚至较小的世袭土地所有者能胜任在战斗中指挥国民或在会议上审议事务，不亚于那些受过教导视之为己任的人，不亚于那些经由一切为当时观念所倡导的途径接受训练而得以胜任的人，不亚于那些从不断的实践中至少在其本分事务方面获得了优越性的人，在这方面一个有经验的工匠总比一个从没拿过工具的人强。

S-3-1-18　贵族们本身就十分适合掌握权力、他们也没把权力运用得很糟，这毫不虚假，正如历史所证明的，在

很大的范围内他们的确如此；我半点也不赞同某些人带着
蔑视所说的一切，除了他们自己时代的观念外他们没有赞
同的标准，如果他们与贵族们同时代，倒是最有可能去赞
美这些掌权者。不过那些人自身可能并不比他们更合适，
然而，一个未开化时代提供不了更适合的人选了：无论在
野蛮时代还是在一个高度文明的时代，当权力并不掌握在
关心其正当使用的人手中时，它很容易被滥用，纵然掌握
它的是最有能力的人。这是一条在一切其中已经发现了人
或能理性地预期发现人的状态和情况下都为真的原则，必
须承认这条原则具有头等重要性，无论我们考虑的是何种
社会状况。这一点也许常会被研究历史的政治家们所忽
略，却为另一些人所懂得，我指的是那些在法国和德国的
真正深刻有哲思的研究者，而不是那些巧言令色者，他们
在我们自己这片浅薄之徒和江湖骗子的土地上胡诌些未经
深思熟虑的结论，靠的只是天花乱坠的修辞——柏拉图将
之定义为一种看上去十分精通其实对之根本一无所知的手
艺。[3] 我主张，那些竭力去树立一套归纳的历史哲学的人
对于人类在所有时代和所有国家中的相同品质考虑得并不
充分，他们的注意力偏注于区别；而在另一方面同样存在

着错误：这一错误须归咎于那些自己定义人性普遍原则并在此基础上构建其政治哲学的人。这些人经常根据特殊事例形成其判断，仿佛那里存在着人性的普遍原则，他们在他们自己时代和国家的人民中发现了普遍为真的东西，并设想所有人都是如此。他们应该考虑到如果存在着某些在所有时代和国家中都相同的人类天性倾向与人类置身其中的条件，那么这些东西根本无法形成任何特殊时代和国家的全部倾向或全部条件；伴随着一些不变的倾向，各个时代和国家还拥有其他可变的东西，特别是其自身；在文明的进步中，不会有一个时代的主流倾向全然与前一个时代相同，而那些倾向也不会恰好在相同的综合外部条件中起作用。

S-3-1-19 因此，我们绝不能（像某些人倾向去做的那样）因为中世纪的人民没有去反抗他们的统治者不负责任的权力以寻求安全而责备他们；并说服我们自己，无论在中世纪还是任何其他时代，只要大多数人能够觉察他们的需要并有精神要求它们，受欢迎的制度就会存在。由于我们的祖先没有国会、普选权、投票选举而批评他们，就好像了解蒸汽船安全快捷的我们因为希腊人和罗马人不用它而与之争吵，或者简单说来就如同批评公元前 3 世纪不是公元 18 世纪。根据人类事务的法则，在可能考虑蒸汽船之前，必须先去思考和做许多其他事情。人类天性只能一步一步地前行，无论在政治方面还是在物理方面。中世纪人民很清楚他们是否遭受着压迫；大多数人的意见，附加在对来自许多受伤害个体的报复的恐惧上，在一定的范围内（尽管毫无疑问绝不是一个充分的范围）作为对压迫的遏制而起作用。社会还没有成熟到能有任何更为有效的遏制手段。摆脱他们的主人选择另一些可能相当于用惊人的高价去购买一个更糟糕的政府；设计、建立、运作一个负责的政府机器在那种人类心智状况下是不可能的。虽然观念已经孕育而生，但它还不可能被实现。必须走过一些先行的文明阶段。一个反对封建领主的农民起义理所当然地仅仅是其实际所是，如法国扎雷克农民起义[4]；更为理性的努力需要以联合为目标的自制权力和彼此之间信任，然而人们不会因为没有这些而遭到谴责，因为这只能是习惯于与其他目标协同行动而缓慢形成的结果，而在一个大国中，这种习惯只能与高级的文明状态共存。只要有一部分人确实有了这种协同行动的习惯，他们就会去寻求更好的政治保障，并得到它们；自由城市的崛起和遍布欧洲的合作可以为证。所以中世纪的人民拥有一个中世纪条件所能给予的足够好的政府，在那个糟糕的时代，他们的事务被他们的主人处理得并不比他们自己所能做到的糟糕。第一次十字军东征的戈弗雷军队和1815年威灵顿公爵的军队比起来并不是那么有效的战争力量，然而它大大胜过此前隐修者彼得的队伍。[5]

S-3-1-20　从这些论述立刻可以看出，我是多么大地不同于那些觉得前人的制度对我们有害就设想它们对为之所设的对象也有害的人，也不同于那些荒唐地调用前人智慧作为现今本质上完全不同制度的权威的人（尽管这些制度可能在形式上是一样的）。我们前人的制度对我们前人来说服务得还不错，这并不是因为他们的智慧，而是因为某种缘故，我恐怕几乎所有好的曾经存在过的制度都因之而拥有其源头，那就是社会条件的力量；不过，现今的掌权者并不是过去掌权者的自然继承人。他们会亮出一个在法律上有效的头衔来继承可能来自古代贵族的财产，但是我们终将发现政治权力是以不同的法则传承的。

（此文的结论在下一部分。）[6]

注释

1　密尔应该是指第四部分（No.97），而不仅仅是后续的第三部分（No.92）。

2　指美国第二任总统（1797—1801）约翰·亚当斯（1735—1826）和第六任总统（1825—1829）其子约翰·昆西·亚当斯（1767—1848），他们都只当了一届。

3　柏拉图（公元前 427—前 347），《高尔吉亚篇》（456b—457b）。

4　1358 年在法兰西岛区域和博韦爆发的法国农民起义涉及焚烧城堡和一些严重暴行，该起义得名于常见的农民名"扎雷克"，并被用以指代后来的农村暴力动乱。

5　戈弗雷（约 1060—1100），尤斯塔斯二世之子，布洛涅公爵，查理曼后裔，他是第一次十字军东征的指挥官，1099 年占领耶路撒冷，因其丰功伟绩而成为后世传说中的偶像。隐修者彼得（约 1050—约 1115），法国僧侣，煽动穷人掀起首次十字军东征的第一波，1096 年领导五个分队中的一个进行屠杀，1097 年他带领幸存的追随者加入了第二波，归入戈弗雷麾下。

6　参见 No.92，不过没有发表在 2 月 13 日，《监察员》接下来那一期，而是 3 月 13 日那一期。

时代精神之三（二）

　　真正削弱心灵的是无需努力就能有保障地并无可置疑地保有所有那些通常人要通过努力才能获得的东西。

刊载于《监察员》，1831 年 3 月 13 日，pp.162—163。

本文标题为"时代精神，第 3 期，完结"，正文之前有以下声明："几周前我们错误地发出公告，说这一系列的文章会在这篇完结。虽然有更紧急的事务令我们无法一周又一周地继续此文，但它仍将延续数期。"这段声明应与编号为 82 的文章结尾的评注有关——"本文将于下一期完结"。相关背景和条目，见密尔书目中编号为 73 的文章。在《萨默维尔学院文集》中，本文标题同上，并括于方括号中。

S-3-2-01　我无需指出直到较近的时期，只有财富（或许我该说是世袭财富）才能让人去获得智能、知识和习性，而这些对于一个人够格在任何可容忍的程度上管理其国家事务是必需的。我无需说明情况已然改变，以及究竟是什么条件使之改变；各种生活技艺的进步给大量社会成员带来便利和舒适，虽然他们并不拥有可以获得政治权力的大量财富；阅读的增多、初等教育的普及和城镇人口的增长让人们大批地聚集在一起，让他们习惯于和别人一起考察讨论重要的问题，还有各种其他原因都众所周知。然而，所有这些只不过是其他人在一个下层地位上所能获得的东西，一些层次高得多的好处总是只在上流阶级的获取范围内；如果上流阶级通过这些优势而得益，并保持他们在改善中的领先地位，那么他们不仅在这个时候确保把所有政府的权力抓在他们的手里，或许会服从更加严格的义务条件，而且可能甚至在长得多的时间里以与当前一样的姿态继续掌握这些权力。因为大量的经验已经证明，人类竟会忍受权力在相当大的程度上被他们认可的比自己更适合掌握政府缰绳的人们所滥用，尽管他们在过渡时期中会变得毫无根据地好猜疑和不信任，但在其余时期却深深地沉溺于相反的极端盲目和无穷信任。

S-3-2-02　然而上流阶级在所有高尚心灵品质方面已经开始倒退，而非前进。他们的确参与了文明教化的实施，在某种程度上还包括了浅层知识的传播，他们远比他们的前人优越；但他们的前人在野蛮时代生机勃勃的氛围中获得支持和鼓励，拥有一个强烈坚定意志和积极活跃心灵的所有美德，这些是其后代所缺乏的。因为这些品质不是能够娴熟导向目标的文明教育的果实，而是来自掌权者们的特殊地位，而这一地位已经不同于以往。

S-3-2-03　所有这些在我们从学校吸收的观念中并不是完全没有基础的，现代的作家在写到古代共同体的衰落时提出是奢侈僵化和削弱了心灵。事实上，这些作家将快乐削减设为一条定律时是错误的（其实他们的观点并不是其爱模仿的灵魂进行思考的结果，而是一束希腊罗马斯多葛哲学的光由于穿过灰暗的介质折射或偏离方向后留下的模糊印象）；仿佛就连从劳作中获得、由英雄行为赢得的快乐也曾经削弱或者能削弱任何人的心灵。真正削弱心灵的是无需努力就能有保障地并无置疑地保有所有那些通常人类要通过努力才能获得的东西。这种有保障且懒散的占有，上流阶级如今已经享受了好几代，而拥有同样的地位和特权的前人却不曾享有过它。

S-3-2-04　举个例子，翻查一下最近两个世纪欧洲君主的名录，谁不会从中以及与此例相关的本质中得出这样的结论：为了获得任何的治理才能，要在这个地上世界找到一个世袭君主地位是极为不合适的？ 难道君主的无能不是作为一个不可避免的麻烦，甚至被那些最热烈的君主政体支持者所体谅；顶多是一种可以为之辩解的恶，并且能防止其他更为致命的祸害？ 自从进入 18 世纪，这已经成为一个哲学性的真理：君主们普遍不适合做统治者，他们会将其权力委派给他们喜爱的人而非政治家，除非被迫去选择公众声音所推荐的首相。这一箴言远远未被历史所证实。我们可以发现，革命前所有英格兰君主中的绝大多数是那样的人，在属于他们时代的每种天赋方面，可以和最优秀的人媲美。对于德国的皇帝，甚至法国、西班牙的君主、勃艮第的公爵等，我们也可以这么说。你知道为什么吗？ 想一下爱德华二世和理查德二世。[1] 在那个狂暴的时代，没有任何衔职或地位是有保障的、能交付给一个没有相当个人天赋的人。如果国王拥有杰出的才干，他会近乎专制；如果他是安逸与挥霍的奴隶，那么不仅他的重要性几乎等于零，甚至他的宝座和他的生命也常在危险之中。贵族们保住地位也需要精神力量和才能。权力虽然不由能力获得，但能借此大大增长，权力不可能在没有能力的情况下被保住和享有。掌权者并不是不劳而获的，权力在握让他认为是获得了巨大的奖赏，他受到激励竭尽全力使权力安然属于自己。

S-3-2-05 然而不安全产生的美德终止于不安全自身。在一个文明时代，虽然它可能很难获得，但它很容易保住，如果一个人没有争取就获得了它，此后他就没什么动力去争取它了。那么一个人在这些项目上拥有的权力越大，他也就可能越配不上它。所以，如哈勒姆先生所说，从威廉三世以来，大不列颠一直没有一个君主拥有胜于普通人的天资；[2] 她以后也不会有，除非意外的章节开始于那由有着特殊个性的人所书写的页码。我们可以在此基础上接着说：从同一时期开始，上议院几乎没出过一个杰出的人；虽然有时一些人聚在一起可以达到要求。一旦这些事实变得明显，就很容易看出世袭君主政体和世袭贵族统治的终结，因为我们绝不会重回暴力和不安的时代，一旦人们不由自主地被迫成为有才干的人，无论他们对于无能的判断是什么，人类不会总是同意让一个上了年纪的胖绅士[3]占据首要位置，而不要求他做点什么去配得上这个职位。我不会确定地说世袭差等会在哪一年被废止，也不会说我会投票赞成它的废止，如果它在现存的社会状况和观念中被提出来；但是对于那些将人类过去和未来的运势作为一个系列来考虑，认为与自然世界改变中的一两个时代相比一两代人的时间并不能凸显道德的改变的哲学家来说，这些差等的终极命运已然决定。

S-3-2-06　我们这个岛屿的历史有一个中间阶段，那时分担国家政府权力的王权究竟应该作为贵族政体的主人还是仅作为它首要的且最有权力的成员已经成为问题。虽然文明的进步让英格兰的贵族不靠可敬的努力就能获得个人保障，但并没有给予他们无可置辩的权力。他们必须通过议会发挥作用，而议会也必须通过他们的精力和天赋发挥作用。那些令17世纪英国历史不朽的伟大名字几乎无一例外地属于如今拥有统治权的阶层。这是多么强烈的对比啊！主啊，想一想他们吧！约翰·艾略特爵士、约翰·汉普登、约翰·科勒派普爵士、托马斯·温特沃斯爵士，他们都是乡绅，再想想来自该阶层的当今议会的领导者们：一个纳奇布尔、一个本克斯、一个古奇、一个莱斯布里奇！⁴ 再想想这个时代英国领主中那些最受尊敬的名字，比如华恩克莱夫勋爵、寇克先生。⁵ 巴肯、塞西尔、华辛汉姆、瑟尔敦、艾瑞顿、平姆、寇克，那个时代其余的伟大政治家几乎都是律师。⁶ 他们是多么杰出的律师，多么不同于我们功成名就的巴利斯特、瑟敦和克普雷，⁷ 无论在出身方面还是在才能与学识方面！英国贵族一流家族中较小的儿子甚至还有较长的儿子几乎都成了学法律的人，由于这在某种意义上是一个自由的职业，是一种合乎绅士身份的追求（这对一个纯粹苦力来说当然是不适合的）；他们通过理解原理（虽然经常会是些荒谬的原理）而不是通过堆积没有联系的细节的记忆来进一步锻炼自己的能力；他们主要学习那些能帮助他们完成高贵任务的东西，因为他们被一种野心召唤——希望能被称为高贵之人，尽管这需要他们作出很大的牺牲，并且只有通过成就最有利于国家福利的事业才能获得满足。

S-3-2-07 这些人被称为"人民的天然领导者",这个名称具有如下含义:他们让国家成为高尚情感和深刻广博思想的照看者,这些情感和思想要胜过现代世界其余国家所有的总和,我们的建制由此一直正常运转直至近期。然而如今他们的一切努力却恰恰相反——降低我们的道德,钳制和愚钝我们的理解;我们将无法成为我们所能成为的,甚至成为我们一度所是的,直至我们的建制能配合文明的当前状况并与人类心智的进步一致。我相信,下一部分文章会更清楚地表明我在这里为世俗权力所作的考察同样能适用于道德影响力的情况。

注释

1 爱德华二世(1284—1327),英格兰国王,1307 年至 1327 年在位;理查德二世(1367—1400),英格兰国王,1377—1399 年在位;他们都是丢了王冠的软弱君主。

2 亨利·哈勒姆(1777—1859),《英格兰宪政史——从亨利七世即位至乔治二世去世》两卷本(伦敦:穆瑞,1827),第 2 卷,pp.496—497。

3 这可能是指乔治四世,他于 1811 年至 1820 年因其父乔治三世发疯而摄政,1820 年至 1830 年在位,他的肥胖经常成为嘲讽对象。

4 对比的一方是 17 世纪早期议会中的杰出人物:约翰·艾略特(1592—1632),1614 年和 1624 年成为议员;约翰·汉普登

（1594—1643），1621 年成为议员，后来在克伦威尔的军队中任上校；约翰·科勒派普（?—1660），起初是受民众欢迎的政党的支持者，后来供职于查理一世和查理二世；托马斯·温特沃斯（1593—1641），斯特拉福德伯爵，曾反对国王支持国民权，后来成为王权的捍卫者，最终受指控被处死。对比的另一方是 19 世纪较差的国家代理人：爱德华·纳奇布尔（1781—1849），1826 年至 1830 年为托利党议员，谷物法改革和天主教解放的反对者；乔治·本克斯（1788—1856），1816 年至 1823 年、1826 年至 1832 年为托利党议员，1829 年入管理委员会，财政部次长和印度主管（1830）；托马斯·夏洛克·古奇；托马斯·布克勒-莱斯布里奇（1778—1849），第二任莱斯布里奇准贵族，1806 年至 1812 年、1820 年至 1830 年任议员，萨默塞特兵团上校。

5 詹姆斯·阿奇巴尔德·斯图亚特-沃特利-马肯基（1776—1845），华恩克莱夫勋爵，1801 年至 1826 年为托利党议员，他因为支持天主教解放而失去了席位，作为一名贵族，他起初反对议会改革，后来转而劝说追随他的贵族们接受改革。托马斯·威廉姆·寇克（1752—1842），莱斯特伯爵，以其农业改革而闻名，从 1776 年到 1833 年差不多一直是辉格党议员，他赞同改革，但也大体上支持谷物法和农业利益。

6 尼古拉·巴肯（1509—1579），善辩博学的律师，拥有许多公众事务所，包括国玺奇普勋爵的那所（1558）；其子弗朗西斯·巴肯（1561—1626），杰出的哲学家和政治家，是威廉·塞西尔——博格雷勋爵，16 世纪最有权势的政治家（1520—1598）——的外甥；弗朗西斯·华辛汉姆（约 1530—1590），外交官，国务秘书；约翰·瑟尔敦（1584—1654），博学的作家和议会专家；亨利·艾瑞顿（1611—1651），克伦威尔军队的将军以及克伦威尔在爱尔兰的代理人；约翰·平姆（1584—1643），议员，宪法和宗教问题方面的议会发言人；爱德华·寇克（1552—1634），杰出的法律权威和议会专家。

7 爱德华·博特肖·瑟敦（1781—1875），圣莱昂纳德贵族，法学作家，议员，1829 年成为副检察长；约翰·克普雷（1772—1863），林德乌斯特贵族，一度持有雅各宾派的观点，后成为托利党人，1819 年就任副检察长，1827 年就任大法官。

时代精神之四

　　就道德影响力而言，它有三种极易识别的来源：的确拥有的或被认为拥有的出众智慧和美德；以宗教名义号召人类的力量；以及最后一种：世俗权力。

刊载于《监察员》，1831 年 4 月 3 日，pp.210—211。

　　相关背景和条目，见密尔书目中编号为 73 的文章。本文在《萨默维尔学院文集》中以"时代精神，第 4 篇"之名在列，并括于方括号中。

S-4-1　之前的文章[1]已说明，尽管周围环境不断变化，那些授予世俗权力的条件——对财富的占有或是被富人雇用或信任——仍然和中世纪没什么两样。在中世纪，这种政府形式会被人们承认，甚至被一个哲学家所承认，如果在那个时代有哲学家的话；当然，这不是因为它本质上的卓越，也不是因为人类曾享有过（或可能享有过）好政府的福佑，而是因为存在着一些社会状态，在那样的情况下我们必然无法去寻求一个好的政府，只能寻求一个最不坏的政府。毋庸置疑，当处在一个落后的文明状态中时，人类会被恰如其分地统治，这是命运不可逃避的一部分。

S-4-2　而现在，人类已经有能力接受比以往富有阶层所实施的更好的统治；可是那些富有阶层的统治能力非但没有进步，反而退步了。他们滥用权力的现象并未减少，只不过如今这种现象的显现方式与温和的现代手段相一致，而人们对此也不像往昔那样恐惧和仇恨，而是投之以混杂着怨恨的蔑视。

S-4-3　前一篇论文已经对上述主张给出了充分的例证，接着我要做一个类似的考察，考察当道德影响力或施加于人类心灵的力量所依赖的条件发生变化时，人类会有哪些变化。

S-4-4　就道德影响力而言，它有三种极易识别的来源：的确拥有的或被认为拥有的出众智慧和美德；以宗教名义号召人类的力量；以及最后一种：世俗权力。

S-4-5　无需举例说明智慧和德行的优越性或宗教以何种方式让当权者们自己宣称支持的看法和态度在人们的心灵中先入为主。坚持主张道德影响力通过世俗权力施加于人们的心灵也同样多余。因为大家都清楚人类的思想有种崇拜权力的倾向。经常可以听到这样的抱怨：甚至绝大多数人崇拜上帝也是因为他的全能，而非尽善；因为他的毁灭之能，而非他的所赐之福。这是一个我们熟知的事实：无论在世界的哪个地方，通常一般民众在行为和看法上几乎或完全没有准则，他们照着比他们好的人的样子去做、去想；而这里所谓的比他们好的人，不是指比他们智慧或正直的人，而是指比他们富有的人和位于他们之上的当权者，对于我们所说的事实，这恰恰是个语言表达上的证据。

S-4-6 所有人，从最无知的到最有教养的，从最愚蠢的到最聪慧的，他们的心灵或多或少都受到上述某一个或全部影响力的辖制。带着含蓄或不含蓄的谦恭，所有人都屈服于权威，这权威属于优越的心灵，或神意的传达者，或职衔地位更高的人。

S-4-7 当一种看法被所有的当权者认可，或被一个当权者认可而其余的不反对，它就成了公认的看法。在历史上任何一个上述三种权威达成总体一致的时期，都存在一些公认原则，而如今"公认原则"这个词的含义几乎已经被遗忘。这些历史时期最显著的特征在于对传承下来的看法有着坚定信念。对于自幼接受的原则，人们死守着坚定强烈的信念；虽然在行动中人们会受到诱惑偏离它，但这信念常驻他们心中，坚固不移，抓住所有好人的良心，难以抗拒。相反，当三大权威产生分歧，或互相反对时，对立原则间的暴力冲突猛烈持续，直到其中一派开始占优势，或者人类陷入普遍不确定和怀疑论的状态。现在，我们处于一个混杂的状态中，一些人在不同的旗帜下激烈斗争，他们多半是最不听指派的人；而其余的（排除能靠自己的力量站直的人后剩下的为数不多的人）差不多会被每一口气吹倒，他们要么没有稳定的看法，要么至少对于自己看法的正确性缺乏根深蒂固的确信。

S-4-8　因此，和世俗权力一样，在道德影响力方面，社会也有它的自然状态和过渡状态。让我们来说几句自然状态，以及迄今为止人们已经实现的各种社会秩序的本质。

S-4-9　权力拥有者是被人民（或人民中最有教养的那一部分人）选出来的，因为他们被认为能够胜任，在这样的社会状态中，我们最有希望看到三种权威协同运作、认可相同的原则。一些人会被提拔为世俗权力的拥有者，因为别人觉得他们拥有智慧和德行，在这种情况下，三种道德影响力来源中的两种结合于相同的个体中。虽然这种社会的统治者是人民选择的造物，他们并未作为统治者支配人民的心灵，因为权力的获得与保有与他们的意志无关；但是他们所获的高位在给予其更大机会彰显自身智慧和德行的同时，也就其长处敲定了普遍承认的外在标识，它也另外作用于每一个心灵，人们有多相信自己判别最具价值之物的能力，它的影响就有多大。

S-4-10　因此，在古代世界建制最出色的共同体中，这种道德影响力的统一在很大程度上确实存在。在我们这个时代最受拥戴的政府中，它则存在于宪法的普遍原则和众多关于国家政策的原理里，而且公认原则的列表正在飞快地加长，以道德影响力保有者们的看法差异所能容许的速度。

S-4-11　我主张只有古代世界建制最出色的共同体，尤其是雅典、斯巴达和罗马；因为其余的共同体，政府形式和社会环境自身都处于连续不断的变动中，道德影响力未能在同样的手中停留足够长的时间，让宪法原则和公认政策原理成熟起来。而在我提及的这三个共同体中，这样的宪法原则和公认政策原理确实存在，而且共同体强烈地依附于它们。

S-4-12　所有这些政府中政治原则的巨大权威都来自祖先的智慧：他们的旧法律、他们的旧原理、他们古代政治家的看法。对于那些听信了愚蠢主张的人来说这可能很奇怪：反复无常和喜好革新正是受拥戴政府的特质。然而，真实的历史就是如此。这样的内容我没有在米特福德

(Mitford) 的著作中读到，他总是相信那些蒙住他双眼的偏见；[2] 不过我在德摩斯梯尼的著作中读到了，他在每一页向祖先的权威致以敬意，而且他不仅仅将这种权威当作一个论据，而是当作最强有力的论据之一；从他岔开话题去赞美古代法律及古代立法者的频率来看，祖先的权威在那时是最为流行的主题，他无与伦比的机敏和洞察力也教他大体依赖于此。所有其他的雅典演说家，还有修昔底德著作中的演讲；西塞罗以及所有我们知道的罗马演说家；柏拉图以及雅典、斯巴达和罗马的观念留给我们的几乎所有丰碑，都充满着对于同一事实的证据。[3] 这里唯有人类本质的已知构造让我们加以推测的东西，而这恰恰标志着这些共同体已经进入了社会的自然状态。当一个政府——无论它是否受拥戴——为它的人民良好运转，并满足他们对良好社会秩序的最高构想，那么自然就会产生一股强烈的且大体上很正当的崇敬之情来纪念它的建立者。在四分之三世纪之前，这还并不奇怪。历史学家罗伯逊用最简洁的方式说道："对古代形式的依附和对革新的排斥是那些受拥戴议会的不变特质。"[4] 那时欧洲还没有进入以法国大革命爆发为首个明显表现的过渡时代。由于那个时代，那些只能看到自己时代的短视之人就错将对新奇事物的渴求以及对祖先权威的轻视当成受拥戴政府的特性（而对新奇事物的渴望以及对祖先权威的轻视又恰恰是过渡时代的特质）：好像同样的症候不会总是出现在任何时代精神的每一个变化中，不管是由于什么本性；好像我们不能确定奥古斯都[5]的宫廷中有着不亚于法国国会对祖先智慧的嘲笑。

S-4-13　在雅典和罗马深受崇敬的祖先的权威，是相继许多世代中最智慧者、最优秀者的权威。假如最有才能和最富经验的同代人断言古代原理是野蛮人蒙昧的构想，而不曾去拥护和赞美它们，那么许多人会失去他们对之的信仰，会像现在的我们一样。因此权威并未超越它应有的分量，它没有取代理性，而是引导理性；因为每一件留存给我们的遗物——比如演说家和政治家对雅典平民的讲话——都充满着强烈的见解、令人信服的论证，以及对人民的理性最刚健有力的呼吁。演说家的和修昔底德著作中的演讲是政治远见卓识的丰碑，是对生活和人类本质的敏锐观察，只要世界还存在，只要智慧还被理解和欣赏，它们就会被珍视。

S-4-14 众所周知，对旧时代的敬重遵从形成了古代共同体的一个显著特征，无论在公共还是个人的道德领域；而且在道德影响力方面，这是一个自然状态社会的最可靠的标志。尽管如此，过渡时代的想法和态度还是如此之深地扎根于我们心中，以至于一旦有人质疑这种崇敬是否应继续存在，也就可能出现更多的人质疑这种崇敬是否曾经存在过，他们将之视为一种迷信，或特异者（即古人）的众多怪癖之一——如果古人确实完全相信权威，因为说某人相信某个事实很可能是一种语词的误用，尽管此人也许从未想过要去怀疑此事；正如宗教作家们清楚知道的那样，当他们对待所谓的"实际的不信仰"时就是这样。很难说我们会去相信那些毫不明晰或毫无活力的构想。我们读到的关于希腊罗马的内容与我们的所见距离如此之远；没有多少熟悉的类比能帮助我们让希腊罗马的精神渗入我们的心灵，让我们在某种程度上熟悉它，带着对任何称得上是信念的东西来说都必不可少的强度和生命力去构想它需要一些想象力。我们并不相信古代的历史，我们只是认为自己相信它——我们的信念只不过是单纯的默许，配不上更高的头衔——简直和我们给予那些古国神话的习惯性肯认差不多。

S-4-15　毋庸置疑，如果如今的老人的精神状态就是他们的自然状态，那几乎没有什么理由对他们的思考方式投以太多的敬意。但狭隘的思维和固执的偏见不是晚年必然的或天然的附属物。相对于年轻人，老人的看法和态度更为根深蒂固；不过，拥有强烈的信念和稳固的看法是件坏事吗？ 恰恰相反，这对于一切品格上的尊贵和稳固，对于能胜任引导或统治人类的工作都是必要的。只有当社会处于某个历史转折或兴衰交替期时它才形成偏见，在那时看法和态度需要获得改变。当年轻人比老人明智时，无论社会全体的智慧量有多大，任何单个头脑中的智慧都很少。我们不应忘记，在事物的自然状态中，老人自然要比年轻人走得远，只因他们上路早。如果现在并非如此，那是因为我们已经走上了一个弯道，而他们并未意识到这一点，继续沿着原路前行，来到走不通的一边，以至于最后面的人都超越了他们。如果老人知道得比年轻人少，那是因为忘却并不容易，但幸运的是，相对于学习而言，社会无需频繁地忘却。

S-4-16　所有老人可能都具有、有些老人确实具有一个年轻人完全不可能大量拥有的知识，无论其才能多么卓越，这种知识来源于个人阅历。在有些文明的状态中这是最重要的——蒙昧状态正是如此。于是在这些文明状态中，时代的权威几乎毫无限制。没有什么地方的人比北美印第安人的权威意识更大了：在他们那里，每个人的知识和判断几乎都与个人阅历的长短相称，如同要估测狐狸的狡猾程度就不能搞错它的年龄。作为对比，希腊人和罗马人都是高度文明的民族，可他们的智慧还是更多地来源于世界性交流、商贸实践以及商讨公共事务的积习，而非思辨性的学习。有这么一条公认的箴言：老人最适合规划，而年轻人最适合执行。

S-4-17　在文学的时代，老人所拥有的知识量和年轻人所能获得的知识量必然不再有很大的差距。所有之前时代的经验都录于书中，它们对年轻人和老人同样开放；而这无疑比任何单个人的阅历包含了多得多的东西，不过，它并未包含一切。有些事情书本教不了我们。除非一个年轻人的经历极为出类拔萃，否则他不可能拥有关于生活或人类本性中更深奥部分的知识，前者在最难且最重要的商贸实践中是必备的，而后者对于建立健全的伦理政治原则

1926），420—426（268—276）页；修昔底德（约公元前460—前399）的《伯罗奔尼撒战争史》（希英对照），译者查尔斯·福斯特·史密斯（Charles Forster Smith），四卷本（伦敦：海涅曼，1919—1923），第1卷，第144页（I, lxxxv, 1）和第252页（I, cxliv, 4）；西塞罗，《为米罗而辩》收录于《西塞罗：演说集》，(Pro T. Annio Milone, In L. Capurnium Pisonem, Pro M. Aemilio Scauro, Pro M. Fonteio, Pro. C. Rabinio Postumo, Pro M. Marcello, Pro. Q. Ligario, Pro rege Deiotaro)（拉英对照），译者 N.H.沃茨（Watts）（伦敦：海涅曼，1953），98页（XXX, 83）；柏拉图，《法律篇》（希英对照），译者 R.G.伯里（Bury），两卷本（伦敦：海涅曼，1926），第1卷，第294页（716^b ff.）。

4　《查理五世王朝史》（1769），收录于《著作集》，六卷本（伦敦：朗文，等，1851），第3卷，第379页，作者威廉·罗伯逊（1721—1793），苏格兰历史学家，密尔童年曾热衷于读他的著作。

5　盖尤斯·尤利乌斯·恺撒·屋大维·奥古斯都（公元前63—公元14）。

6　密尔在这里使用了古希腊文"πολύτλας"，意为多次忍耐（译者注）。"多次忍耐"是荷马频繁用于尤里西斯的绰号；关于此项请参阅：《奥德赛》（希英对照版），奥古斯都·泰伯·穆雷译，两卷本（伦敦：海涅曼，1919）第一卷，182页（E, 171）。

7　参见《密尔全集》第12卷，第12页。

时代精神之五（一）

　　许多个世纪里，欧洲民族那未分化的道德影响力、塑造基督教世界观念和情感的那不可置疑的特权为天主教牧师所享有，且极有效力地被实践着。他们的话语在其余的人中激起了炽热的信念。它不仅绝对地排除怀疑，而且让怀疑者受到深深的憎恶，道德学家们从未成功地针对令人作呕的犯罪激起这种情感。

刊载于《监察员》，1831 年 5 月 15 日，p.307。

相关背景和条目，见密尔书目中编号为 73 的文章。本文在《萨默维尔学院文集》中以"时代精神，第 5 篇"之名在列，并括于方括号中，有十一处作了更正："which, it"改为"which it"（第 305 页第 20 行），"pale, because"改为"pale because"（第 305 页第 26 行），"Now, when"改为"When"（第 305 页第 39 行），"that, situate ... of the rivals ..., him, even..., chair，"改为"that（situate ... of rivals ..., himeven ... chair，）"（第 306 页第 6—9 行），"mankind, the"改为"mankind, and the"（第 306 页第 11 行），"of menacing"改为"for menacing"（第 306 页第 12 行），"low."改为"low; —"（第 306 页第 14 行），"them; and"改为"them and"（第 306 页第 20 行），"but when"改为"but where"（第 306 页第 22 行），"indisputably"改为"undisputably"（第 306 页第 25 行），以及"irretrievable—except"改为"irretrievable except"（第 307 页第 5 行）。此版采纳了以上所有更动。

S-5-1-01　着手这一系列文章时，我倾向于并且尝试让论述的划分与我的主题相应，且每一篇目包括一切对某一单一理念的必要阐述和明示。鉴于这种出版的性质，即，相比任何其他单一著作，它有更多能够理解这些沉思的思路（不过占一定比例的极少数人并不喜欢它们）的人来阅读，我认为我自己有幸能够获得一种表达我理念的媒介，促使我限制每篇文章的长度出离我原初的计划。我不再希望每篇文章都应该是完整的；现在的这一篇目，出现在它合适的地方，便构成了上一篇的延续。

S-5-1-02　对于我所说的社会自然状态概念，让我在与道德影响力相关的方面为之给出便于理解的阐释——在这种状态中人民的意见和情感伴着他们自愿的默许由诸时代之智识和道德所召唤出来的、最有教养的心灵为了他们而塑造；请注意这种自然状态和我们当下的过渡境况之间的显著差异，在过渡状态中，不再有那种未教化的大众（mass）习惯于遵从的人——大众相信这些人所寻求和指明的正义；到目前为止，我仅通过一些共同体的例子来说明前一种状态，在这些共同体中，最有品质的人因为他们的品质而被特意地遴选出来，并且被赋予世俗的权力，这种权力如果交于他人之手，会割裂他们的道德影响力或者使之黯然；不过，这种权力掌握在他们手里时则部分地作为权威的凭证（a certificate of authority）、部分地作为一种目标（cause）来行使，会自然地倾向于让他们的权力在其同胞公民的心中变得至高无上和不可抗拒。

S-5-1-03　不过，在如是诸社会中不单单是发现了一个道德权威的统一体，这种统一体足以从不好奇的、或没有知识的大多数人那里索取默许。而且在所有宗教占充分优势的社会里，可以发现世俗权力占有者的心灵被征服了，主流宗教的精神正是如此消除了在其教诲者（teachers）中的实质性观念冲突。

S-5-1-04　这些境况存在于两个伟大的停滞的共同体——印度人和土耳其人之中；无疑它们也是使这些共同体保持停滞的主要原因。到目前为止相同的综合状况（the same union of circumstances）仅仅在一个进步的社会里发现过——那曾经存在过的最伟大的中世纪基督教王国。

能曾经是农奴的人，从他们之中所有那些有可能升到教皇职位的最低级的人中选拔出来的）有最强的动机尽可能利用基督教能够提供的手段极力主张人类生来的平等、爱与牺牲相对于单纯勇敢和肉体勇武的优越性，为了底层人的利益，利用他们刚好能利用的恐怖来恐吓大多数人，以他们了解的唯一最高存在的名义来诉诸（speaking to）他们的良知——反思这些事情，我不能说服我自己去怀疑，在那个年代，甚至哲学家们也渴望天主教神职人员的优越地位；而且对于当前欧洲文明，它即使不是一个不可缺少的条件，也是一个强有力的始因。这不是为天主教的恶习作辩护，那些恶习巨大而罪恶昭彰，而且它们与善所在的那些更文明、更人性化的特征之间并没有本质的联系。我们可能会感到遗憾，教士们的影响力没有被一种更好的影响力所取代，不过在那些年代这样的影响力又存在于何处呢？

S-5-1-09 因此，我总结出来，在中世纪的一段时间里，不仅众所周知的世俗权力，还有道德影响力都由最有才能的人不可争辩地实践着，并且社会自然状态的诸条件也是完全地被实现了的。

S-5-1-10　但是过渡的时代到来了。一个时代来临了，在那克服并击败了进步最强大障碍的事物自己变得与进步不再合拍的时候。人类超越了他们的宗教，不过，还有一个他们尚未超越其政府的时期，因为后者的纹理更加柔和，并且能够伸展。我们都知道，为了限制人类理智的扩展，天主教神职人员的影响变成了一个怎样拙劣地发挥作用的机构，不再能够配得上他们的优越和对他们所教授的教条的信念。

S-5-1-11　经过一场恐怖的斗争以后，欧洲更加先进的共同体成功地造就了它们总体的或部分的解放：在一些共同体中，宗教改革赢得了胜利；在另外一些中，则赢得了包容。然而，由于不幸的总是相同的命运，那已经等到了火星的柴火堆所燃起火焰扩散到了那些物质条件尚未充分准备好的国家，反而点燃了仇恨的庞然大物，它消耗了所有已存在的能够滋养它自己的东西，并且被熄灭了。即将到来的文明的萌芽枯萎和毁灭了；在它制造的智识的荒凉之中，等级制度的统治比以前更加严酷，那些因此而被剥夺了所有进一步发展手段的国家退回到了无外来征服便不可逆转的野蛮之中。当时代精神所支持的改变被不幸地成功抵制，这就是不可避免的结局。文明变成了诸统治权力的恐怖，为了保住它们的位置，它们必定蓄意极力把人类野蛮化。自那以后有这么一种努力，仅仅是一种获得了暂时成功的努力——有这么一个人，他的时代所有的恶的影响以一种真正令人恐怖的强度和活力集中在他身上，不受任何可能出现于他生活在其中的时代的善的影响所折衷——不用说，我指的是拿破仑。他那失败了的使人性蒙昧、使人心野蛮且将之变成荒原的企图可能是这种努力的最后一次！

　　S-5-1-12　接下来我将追溯宗教改革后欧洲诸民族道德影响力的历史。

时代精神之五（二）

一个学究气的人可能到处都有他的个人理论，但是他们不会作出任何改变。

刊载于《监察员》，1831 年 5 月 29 日，pp.339—341。

这篇文章是开始于第 73 号文（请参阅）的系列的最后一部分，虽然本文的结尾段落明确表示密尔已在考虑进一步的文章，而在 1831 年 10 月，他还曾告诉斯特林（Sterling）他的计划："（一旦改革法案 [the Reformation Bill] 通过）重新开始 [他的] 题为《时代精神》的系列文章。"（EL, CW, Vol.XII, p.80）本文题为："时代精神/第五篇（完结）"，在《萨默维尔学院文集》中以"时代精神，第 5 篇 完结"之名在列，并括于方括号中。

S-5-2-01　在那些仍然是天主教的、但天主教等级体系不再保有足够道德优势以成功阻止文明进步的国家里，教会由于其独立影响力的没落，被迫主动与世俗王权（sovereignty）越来越紧密地结合在一起。它因此延缓了自己的倒台，直到时代精神变得对结合起来的两者来说过于强大，它们才一起坍塌在地。

S-5-2-02　我曾经说过，道德影响力的三个来源是，被认为拥有的智慧和美德、僧侣制度和世俗权力的占有。但在新教国家，被认为是道德影响力的一个独立来源的宗教牧师的权威必须从这个名单中排除出去。在宗教改革兴盛、成功的国家里，继承自天主教教会的教会没有一个成功地作为教会获得任何其前任的道德影响力。这是因为，没有一个新教教会曾经声称上帝给了其特殊使命，或把接受来自特定教会委派的教诲者的教义归入宗教义务之中。天主教徒接受来自上帝的神父和他们来自神父的宗教。但是在新教教派中，你求助于教诲者，因为你已经决定，或者因为他已经为你作了决定，决定你会接受他的宗教。在诸流行宗教中，你选择你自己的信条，并且这样做了，你自然会求助于它的教士——在诸国家宗教中，你的信条由你的世俗监管者（superiors）为你选择好了，并且你被良心所鼓动，或者可能被来自一个更世俗本性的各种动机所激励，去求助他们委派的教士来提供宗教引导。

S-5-2-03　在苏格兰，每位一家之主，甚至最低等级的，都是一个神学家；他与他的邻居讨论关于教义的观点，并且向他的家族解说经文。实际上，虽然他没有盲目地遵从，但他仍然遵从他的教士的意见；不过以什么身份呢？ 仅仅作为对这一特定主题的理解更为精深的人——作为一个可能比他自己更加明智、更优秀的人。因此，这不是一个宗教解释者的影响力；它是一颗更纯粹之心和一种更有教养的智慧的影响力。它不是一名神父的优越，它是结合了一名宗教的导师（professor）和一位受尊敬私人朋友的权威。

S-5-2-04　我就苏格兰教会的阐述，可以适用于所有新教教会，除了国家教会（苏格兰教会不是，尽管它由国家资助）；可以适用于所有对我们自己的国家权力机构持异议的非国教派（all dissenters from our establishment）；当然，那些继承他们的宗教、并如坚守任何其他家庭关系一样坚守它（这种情况并不罕见）的人得除外。就英格兰教会的信徒来说，一个类似的观察是完全不适用的，那些例外的人，他们信守其教义的圆融，它完全是一个持不同意见的教派。一般来说，人民没有，从来就不曾有过任何坚守既定宗教（established religion）的理由或动机，除非它是其政治监管者的宗教，同理，一旦他们同那些监管者的联系减弱了，他们对既定宗教的坚守也会如此。自英格兰教会牢牢地立足于时代以来；自它对于我们良知的继承处理权（fee-simple）资格获得指令的神圣性，并且能够提供任何支持——除了来自包含其自身的社会构成的稳定根基的支持——以来，它从其独立的等级下降为贵族统治集团的一个组成部分（an integral part）或一种附属物。它融入了诸上等阶层，它拥有的道德影响力仅仅是世俗监管者的整体道德影响力的一部分。

S-5-2-05　因此，自知性激荡和艰苦沉思的时期——这一时期紧随宗教改革危机之后，在我国被延长至 17 世纪末——终结以来，那种道德影响力、那种向人类心灵施加影响的权力（在许多时代中它是天主教神职人员无可置疑的继承物）转到了富有阶层手中，并且同世俗的权力结合了起来。贵族统治集团的优越并不像天主教教士的优越那么独断和蛊惑人心，因为它在一个差得多的程度上由宗教恐怖支撑着，而且因为在统治阶层自身之中，教义的统一也没有通过同样有力的手段保持住。不过，诸上等阶层就像在着装上那样在观念上也建立风尚。在他们中间被普遍认同的观念也是流行于这个民族其他等级的观念。一个学究气的人可能到处都有他的个人理论（individual theories），但是他们不会作出任何改变。极少有人写作和出版上等阶层没有认可的学说；就算是出版了，他们的书也定会遭到贬低，或者至多极少地被阅读或关注。这些问题，恰如分裂的贵族统治集团，被人民（温和地）议论着：他们的不同派别或者分支分别由一个贵族的小圈子统领着。即使持异议的非国教派也通过表明他们对所有关乎政治和社会生活问题的十足圆通和默许来修正他们对某种庸俗宗教的偏好；尽管他们通常所追随的旗帜，是贵族统治集团中不像其他人那么执着于垄断拥有受俸牧师推荐权和大主教职位教派的那部分人的旗帜。

S-5-2-06　然而，自革命以降，富有阶层拥有了所有现存的道德权威和世俗权力。不列颠宪章的教义就是在他们的影响下成长起来的；这些观念，尊重政府权力的适当的限度和建构与运用它的适当的模式，是英国人的长久特质。与这些观念一道兴起了大量尊重道德、教育和社会结构的当前观念。与这些观念融合在一起的情感也传播得很远，并且深深地扎根在英国人的心灵之中。

S-5-2-07　在此期间，可以说居于主导地位的阶层从来就没有真正地是由其成员中所有的有资格支配人们心灵、或指导他们现时兴趣的人所组成，尽管社会状态提供了这样的人。但是，作为一个整体，在相当长的时间里，那个阶层拥有比所有其他阶层加在一起更大份额的文明和精神文化。对优秀且充满活力的人来说，把他们自己提升到那个阶层的诸多困难并不是不可逾越的；统治集团中诸多最杰出和有活力的精神有能力包容接纳智识的卓越，并且给予它评价。因此，社会自然状态的诸种条件有时候就整体而言还算是达成了。

S-5-2-08　但是，现在这些条件不再处于达成状态。富有阶层的政府毕竟是不负责任的极少数人的政府；它也因此弊病丛生。虽然随着人民智识的发展，他们变得对政府无论什么恶的东西都越来越敏感，但他们可能生来就带有这种恶，他们自己也仍然像他们从前一样不适合政府的事务，并且意识到了这种不适合。不过我们的宪章实践运作的相对自由——它容许个体把精力花在范围广大的行动上——能够让人民根据自治所必要的所有习性来训练他们自己，以便理性地管理他们自己的事务。我相信提及政府事务（保卫国家不受外来敌人入侵那一部分除外）任何部分都是不可能的，这种政府的相应对等物在这种或那种情况下不是由人民自己选出的委员会来执行的，执行的手段很少且困难无比巨大，但执行得毫无争议，令利益相关者普遍满意。臭名昭著的是，在大多数其他国家里构成其政府事务的最重要部分在我们这里完全是由志愿团体（voluntary association）来执行的，其他部分则由政府以一种那么笨拙而凌乱的方式来执行，以至于求助于作为辅助资源的志愿团体成了必要。

S-5-2-09　因此，当人们接受自治训练，并且通过实践经验了解到他们适合自治的时候，他们不会再继续认为除了有职衔和财富的人之外没有人有资格在政府里发出声音，或者有能力批评它的议项。高等级者拥有高人一等的运用世俗权力的能力这个符咒如今破碎了。

S-5-2-10　曾是这样的阶层来掌权——由于他们拥有闲暇和无限的机会学习精神文化，使他们令其自身保持在时代最先进的智识水平上；他们尚未被围绕在其周围的大众的智慧增长所超越，一般来说，优越于他们自己所属的阶层。通过贬斥每一项滥用职权——一定程度上是缘于公共的良知起来反对它，他们可能也在其完整目标中保有对人民的忠诚。正是由于他们的德行和智识，他们能够保留道德的优越，有智识的人从来不会一直让这种优越屈服于单纯的权力。但是他们已然丢掉了他们的优势。

S-5-2-11　我已经注意到了有行动天赋的上等阶层的衰落，恰是由于他们被慵懒的享乐变得越来越虚弱了。基于同样的理由，他们在人性和文雅方面取得了领先，却在智识的活力和意志的强度上衰落了。他们中的许多人以前熟谙生意，其余的从事国家事务的管理也是得心应手。现在，继承财富的人大多数不熟悉生意，并且也不适合它。他们中的许多人以前了解生活和这个世界，但是他们的生活知识现在不超过两三百个家庭的知识，他们习惯了与他们的联系；且可以确定地断言，学院里的人也不会比英国的绅士更加忽视这个世界，或更严重地误解这些时代的诸多标志。他们特别的观念——来自选择并像是某种智识的表现，后来成了格言——现在仅仅是继承下来的财产。他们的心灵曾经是积极主动的，现在是消极被动的了。他们曾经生成诸多印象，现在他们仅仅使用它们。现在他们的政治格言是什么？ 那些传统典籍，直接或间接地关于他们秩序的特权，关于他们中那类胜任治理事务的人的独有品质。什么是他们的公共德行？ 忠诚于这些典籍，忠诚于英格兰的繁荣和伟大，只要她永不背离他们；对某些抽象之物的偶像崇拜、应诏教会、宪章、农业、贸易及其他，借助于这些，他们以某种方式逐步做到从心中排除他们的生活和活生生的同胞公民的理念，不让它们在其统治能力中成为道德义务的主体。他们爱他们的国家就像波拿巴爱自己的军队一样——他感受到的是对军队荣耀的极度狂热，而组成军队的人则平均每两三年就被杀尽。他们不像爱一个人那样爱英格兰，而好像一个人爱他的房子或土地一样。

  S-5-2-12　现在所描述的这些人，最终被更有智识的人

部分术语翻译对照表

form of government 政府形式

government 政府

be governed 被统治

states of society 社会状态

wealthy class 富有阶层

moral influence 道德影响力

mind 心灵，头脑

condition 条件，境况

circumstance 环境

circumstances of society 社会环境

power 力量，权力

wisdom 智慧

opinion 看法，意见

feeling 态度，情感

Supreme Being 上帝

the vulgar 一般民众

authority 当权者，权威

rank 职衔，等级

station 地位

conduct 行为，行动

commonwealth 共同体

community 共同体

doctrine 原则

maxim 原理

constitutional 宪法的

ancestor 祖先

idea 观念

people 人民

conception 构想

characteristics 特质

ancestor 祖先

reason 理性

belief 信念，信仰

notion 想法，概念

fitness 胜任

rude 蒙昧

experience 阅历，经验

nation 民族

intellectual 智识，智性

virtue 美德，德行

higher class 上层阶层，或上流阶级

后　记

这本小书的翻译是我们一行年轻人在青春的年月、为了追求学术而完成的作品。当初接手翻译时，有人承诺会出版。但当我们将译稿交给对方时，出版的事又如石沉大海，再也没有下文了。因此，译稿又在我的案头静静地待了十多个年头。

然而，我们并没有为此而失落。因为在翻译的过程中，我们找到了一种快乐。我们认真过、努力过、奋斗过，这就够了。谁的青春不会走一点弯路，而我们几个都是学哲学出身的，因此也就更释然得多。

参与这部小书翻译的人员除了我之外，还有原来在东华大学人文学院工作的沈云波、俞喆两位博士，以及我的硕士研究生蔡南星。另外，还有负责协调和对接工作的、原来在东华大学人文学院工作的周德红老师。

这是一部小书，但我们在翻译过程中，却秉承着高度负责的态度，不敢有丝毫松懈。沈云波和俞喆两位博士毕业于名校，对学问有着执着的追求，哲学功底非常扎实，外语能力非常强；蔡南星本科系外语出身，做事非常仔细；周德红老师协调能力非常强。 因此，这项翻译工作一接手之后，运作非常顺利、高效。 本书的第一部分、第二部分由我翻译、第三部分由俞喆翻译、第四部分由蔡南星翻译、第五部分由沈云波翻译。 为了保证翻译的质量，译稿又由沈云波和俞喆两人先后进行了两次校稿，最后由我完成了统稿。 由于是多人分头翻译，为了避免术语翻译的差异性，俞喆博士在翻译之前，又制定了一个部分术语翻译对照表，就有关关键术语进行了统一翻译。 整个翻译应该说做到了将翻译的低级错误降到了最低状态。 当然，由于学识水平、理解能力等等的限制，并不能说，这本小书就没有错误了。 如果真的有错误，还请广大读者批判指正并予以包涵。

那个年代，大家都很贫穷，但精神都是富足的。 我们对于学问有着一种深沉的敬畏，这反映在我们的翻译上也是如此。 对于承担这本书翻译的年轻人，我是打心眼里欣赏他们的，从他们身上，我也学到了很多东西。 当然，后来由于工作变动原因，我不能再与他们共事，但我心里时常惦记着曾经与我一起奋斗过的这群优秀的年轻人。 我是轻飘飘辞去正院长职位而离开的，那时我才刚刚进入不惑之年。 对于我的行为，至今有很多人仍然不能理解。这种不理解是正常的，从一般人的眼光看来，我的行为确实太不正常了。 但我能理解我自己，因为一个人更应该追求的是内在的精神超越，而不是寻求一个空洞的外在位次，并以这个外在的位次作为炫耀的资本，我认为后者可能是一种心灵的迷失。

学问是一件非常慎重的事情，翻译是一项非常崇高的事业，我们努力过，但我们毕竟不是翻译家，我们离翻译家的水准还非常远。 我们在努力，但有些东西心向往之而不能至。 所以，对于那些真正的翻译家，我们是由衷敬畏的。

衷心感谢上海人民出版社对于拙译著的接纳! 衷心感谢上海人民出版社对于本译著的赏识和推荐!

谨以寥寥数言致敬以往的事、以往的人、以往的时代!

王　平

2020 年 12 月 31 日